V 2656
27.a.5.1.

ESSAI

SUR LE PERFECTIONNEMENT

DES

BEAUX-ARTS,

PAR LES SCIENCES EXACTES.

TOME I.

ESSAI

SUR LE PERFECTIONNEMENT

DES

BEAUX-ARTS,

PAR LES SCIENCES EXACTES,

OU

CALCULS ET HYPOTHÈSES

SUR LA POÉSIE,

LA PEINTURE ET LA MUSIQUE;

PAR R* S. C*, *Rivérony S.t Cyr.*

Membre de la Société des Sciences et Arts de Paris, et de plusieurs autres Sociétés Savantes et Littéraires.

TOME PREMIER.

PARIS,

CH. POUGENS, quai Voltaire, n.º 10.
HENRICHS, rue de la Loi, à l'ancienne Librairie de Dupont.
MAGIMEL, quai des Augustins.

XII. — 1803.

L'INVENTION est le plus beau don de l'esprit humain ; mais sans la méthode et la vérification, sa marche est incertaine.

Les sciences exactes, sont la conscience du génie.

Cependant les êtres privilégiés de la nature, les grands compositeurs en poésie, en musique, en peinture, semblent dédaigner ces juges irrécusables, tandis que de son côté l'austère géomètre voit avec dédain les enfans de l'instinct, et s'en prend à l'art d'un oubli de l'artiste.

C'est le rapprochement de ces bienfaiteurs divisés de nos jouissances et même de nos besoins, dont je cherche à suggérer la nécessité dans cet ouvrage, en indiquant les points innombrables de contact qui existent entr'eux : ce sont de brièves réflexions et quelques calculs sur trois des Beaux-

Arts, enchanteurs de la vie, qui pourront démontrer ces avantages, et indiquer la route à quelques savans plus dignes de ce but.

Quand on remarque que l'esprit est si répandu en France, que la fausse philosophie, les étincelles de la saillie, les élémens chimiques du sol même, tout enfin, porte à multiplier les enfans de Thalie et d'Euterpe, ne pourra-t-on sentir qu'en joignant à ces dons heureux la sagesse du calcul, l'approbation auguste de la vérité consacrée par les sciences, les chefs-d'œuvre doivent se multiplier?

Les littérateurs et les artistes du premier ordre ne pourront-ils se persuader qu'avec cette donnée de plus, leurs jugemens seraient sacrés; qu'une démonstration mathématique est préférable à cent épigrammes, et que si les problèmes sans but (*nugæ difficiles*), sont à dédaigner, les problèmes à application sont nécessaires aux arrêts des grands maîtres, et ne leur eussent coûté peut-être qu'une des années vouées à l'étude d'une métaphysique incertaine.

N'en doutons point, les grands littérateurs, les grands artistes eussent été bons géomètres en application; car le véritable génie est universel : et on ne doit s'en prendre qu'aux temps, au mode d'éducation, à l'oubli de ce germe précieux qu'ils possédaient sans doute, s'ils n'ont pu joindre cette palme à celles qu'ils ont méritées, et la conviction aux charmes de l'éloquence.

C'est d'après ces observations que je vais tenter d'indiquer quelques-uns des points dans les arts, où le concours de ces divers élémens paraît le plus évidemment utile.

Quant à la poésie,

J'essaierai par quelques exemples de concilier les progrès de la science chimique et de la physique avouée, avec une mythologie qui ne soit pas en contradiction perpétuelle avec elles, et susceptible ainsi de consacrer l'erreur.

J'essaierai d'analyser les règles de la poésie, de reconnaître si elles sont favorables au génie, de rechercher si elles ne sont pas anti-algébriques quant à l'expression, anti-mélodieuses pour l'oreille, et si, enfin, on ne pourrait pas en trouver qui rendissent la langue des dieux digne de son titre et impossible à la médiocrité.

Pour la musique,

J'essaierai de soumettre la mélodie au calcul en un certain nombre de cas, pour tout ce qui est image simple, et d'ouvrir ainsi une nouvelle carrière à cette partie de la langue d'Euterpe.

Je soumettrai une nouvelle théorie sur les causes de l'harmonie basée sur un nouvel agent du son, j'en déduirai un système d'acoustique, et j'examinerai brièvement les courbes d'accompagnement.

Je ferai une courte application de ce système d'acoustique à la théorie et à la fabrication des instrumens améliorés.

Quant à la peinture enfin,

J'essaierai de saisir ses analogies parfaites avec la musique.

J'observerai, sous ce rapport, sa mélodie, c'est-à-dire, le tracé simple du vrai et de la nature embellie, tracé qui nous mène à des considérations sur les courbes du corps humain, sur l'influence de ces courbes, quant à la force de l'esprit et à l'équilibre des corps, courbes qui par conséquent doivent guider le peintre dans ses esquisses, suivant les caractères de ses personnages.

J'expliquerai par là mathématiquement une partie des présomptions de Lawater, qui n'étaient appuyées jusqu'ici que sur de prétendues expériences, et je confirmerai, par les mêmes calculs, les doutes existans sur un grand nombre de ses assertions.

J'examinerai l'harmonie de la peinture, c'est-à-dire, les consonnances des rayons visuels et des courbes du dessin, ainsi que celles des couleurs dans la composition.

Je terminerai par quelques observations sur le coloris, sur ses illusions et ses améliorations.

Puisse cet aperçu, qui tend à rapprocher les arts et les sciences, frères et sœurs trop long-temps divisés, prouver, par des progrès faciles à prévoir, par une utilité évidente et par le regret même de voir leur cause si faiblement défendue, la nécessité de rendre les géomètres plus artistes, et les artistes plus géomètres!

ESSAI

SUR LE PERFECTIONNEMENT

DES BEAUX-ARTS,

PAR LES SCIENCES EXACTES.

DE LA POÉSIE.

La haute géométrie, l'astronomie et sur-tout la chimie, ont marché à pas de géant dans le cours du dix-septième siècle. Ces filles du génie et de la nature sont près de pénétrer le secret de leur mère, tandis que la peinture, la poésie, la musique même, leurs aînées, folâtrent sur son sein, esquissent ses traits avec grâce, mais dédaignent ou négligent ses mystères, et bientôt ne s'entendront plus avec leurs sœurs; enfin, l'heure est venue où les artistes doivent être des savans, ou rester les romanciers de la nature.

En vain l'on dira que le génie aux ailes de feu plane sur toutes les formules, qu'il crée avant qu'on ait raisonné; mais où sont ses armes pour défendre ses sublimes productions livrées au jugement de l'instinct ou de l'envie? dans l'égide du calcul. Quels sont les moyens de vérification? le flambeau des sciences.

Les Beaux-Arts sont la peinture physique ou morale des vérités et des sentimens; les tableaux des sentimens sont immuables comme leurs causes, les passions. Aussi tous les siècles ont eu des peintres, des poëtes, des romanciers; mais quel pas immense pour atteindre la perfection! quelle divinité aidera à le franchir? la vérité; et comment l'atteindre, si les sciences n'arrachent son dernier voile?

Ce sont donc les progrès de ces sciences, comme guides de la vérité et compagnes inséparables du génie, dont il faut suivre l'application à chacun des Beaux-Arts, et dont je vais essayer d'établir l'heureuse influence. Commençons par la poésie.

Je distinguerai deux objets dans la poésie : l'invention et le langage poétique. Appliquons d'abord nos observations à l'invention. Elle se compose de faits et d'images. Les uns et les autres, excepté dans le merveilleux, qu'il faut abandonner au délire de l'imagination, et dont nous ne parlons point, les faits et les images, dis-je, se puisent dans les richesses de la nature ; ces richesses de la nature se composent de matière et de couleurs ; or, pour que leurs tableaux soient aussi vrais qu'élégans, il faut que l'expression soit propre ; elle ne le sera que par la connaissance, sinon exacte, du moins approximative des propriétés de cette matière et de ces couleurs. Ainsi, sans prétendre que le peintre-poëte soit profond chimiste ou opticien, sans recourir à l'expression technique, toujours sèche, rebutante, et qui porte le cachet de la prétention, il semble qu'on doive éviter, dès ce moment, les dénominations fausses que le temps a consacrées dans la poésie seule; tandis que tous les autres arts semblent déjà les éviter dans leurs plus indifférentes productions. Faut-il que la postérité puisse croire que le poëte a ignoré le dernier les vérités de la nature, puisque ses vers seront les derniers tableaux qui auront consacré et embelli des erreurs qu'il connaît, et qu'il bannirait lui-même de sa prose?

Ainsi, donnerons-nous encore le nom d'*élémens* à des composés, tels que *l'eau*, *l'air*, *la terre* et *le feu*, même lorsque la chimie les décompose? Ainsi, les moindres météores physiques seront-ils toujours considérés comme des prodiges et l'effet du courroux des Dieux? Les aurores boréales seront-elles des vêtemens de sang dont les astres se vêtissent pour épouvanter les humains? *L'éclair* et *la foudre*, ces terribles effets de l'électricité, seront-ils encore les carreaux de Jupiter, quand le moindre physicien, la bouteille de Leyde en main, auroit la puissance du père des Dieux?... Ainsi les feux terrestres circulans dans la moyenne région, ces *feux folets* qui s'enflamment et se dissipent comme un souffle en suivant une ligne, qui est celle de l'inflammation successive de leurs parties, seront-elles toujours des étoiles errantes, fuyant les mortels pervers, et décrivant dans les airs pour les anciens poëtes, des *caractères*, des *pronostics* exprimés en très-beaux vers, et qui pourtant ne sont que le résultat des émanations terrestres?.... Enfin, les phénomènes innombrables de la nature seront-ils toujours attribués au merveilleux, quand le poëte sent qu'il en impose et blasphéme les sciences?

En vain l'on dira que ces allégories sont de pures fictions, songeons qu'elles étaient des vérités pour les anciens; que, base de leur religion, leur mythologie, à-la-fois peinture, définition des grands effets de la nature et cause absolue, puisqu'elle ramenait tout à la puissance des Dieux, leur mythologie, dis-je, était une loi suprême pour eux, tandis qu'elle n'est qu'une fable pour nous. Remarquons de plus que cette réflexion, qui paraît désenchanter à un certain point la poésie allégorique, n'exclut point les images : il semblerait seulement qu'on dût chercher des fictions plus rapprochées des connaissances chimiques modernes, les considérer comme des définitions rapides, agréables, et gagner du côté de la vérité et de la force des idées, ce qu'on a perdu en prestiges religieux du paganisme.

Si nous passons à l'empire de *Neptune* ou de *Thetis*, verrons-nous cette déesse recevoir encore *Phébus* dans son sein à la chute du jour, et prendrons-nous encore, suivant Lemierre, *l'horizon pour les bornes du monde?* tandis que ce Dieu, brûlant et discret, tenant toujours ses feux à une respectueuse distance de trente-quatre millions de lieues de son amante, ne s'en approche pas davantage, qu'il se borne à la voir passer toutes les vingt-quatre heures, à en recevoir un doux regard plus ou moins oblique, à la voir se balancer mollement dans son lit, à la réchauffer doucement de ses feux, excepté à l'équateur de la déesse, où il est plus ardent, en un mot, en chantant ces amours, on conviendra qu'il n'en est pas de plus platoniques et de moins allarmantes pour Neptune, qui, de son côté, dominant sur un composé, est loin d'imaginer que l'empire des eaux n'existe pas.

Que devient alors le terrible *quos ego? Eole, Auster*, les Autans vont le dédaigner, comme la physique les dédaigne à son tour; quelles causes pour de tels effets! Comment l'imagination pouvait-elle s'accommoder de telles fictions pour les vents? Eh quoi! ces bouleversemens de la nature, produits par un fluide tourbillonnant et invisible, ces torrens d'air qui font disparaître de la surface du globe les édifices, les forêts, et des flottes entières, sortiraient encore des flancs de quelques nains boursoufflés? Que ne gagnerait pas la poésie à peindre, à déïfier même sous des emblèmes ingénieux, mais plus vastes, au lieu d'un *Eole* grotesque, les véritables causes des vents, les formes de l'atmosphère changées par l'attraction, les déplacemens de ce fluide élastique, produits par sa dilatation suivant la proximité du soleil et des planètes? Enfin, à peindre les causes sublimes des coups d'équinoxe que la mythologie ne saurait expliquer que par des caprices d'Eole à des époques déterminées. Rien de grand, rien de poëtique comme les vérités physiques peintes dignement! rien d'absurde comme vouloir tout rapporter aux traits mesquins ou à la force exiguë des mortels!

Quels sont ces vieillards à barbe ondoyante, penchés sur leurs urnes, et nonchalamment couchés? Ce sont des fleuves, suivant nos mythologistes. Ces Dieux humides versent un léger filet d'eau qui doit cependant parcourir plusieurs degrés de la sphère, ravager des contrées entières, et porter au loin des montagnes écumantes, jusqu'au sein des mers. Quelle faible source pour ces artères immenses du globe terrestre! Ne voyaient-ils pas nos anciens mythologistes que l'urne des fleuves est celle des Danaïdes, qui doit se remplir à mesure qu'elle se vide? et que la nature ou leur Jupiter pourvoit à la déperdition de l'urne en élevant en vapeurs le fluide échappé, et en le fesant retomber en pluie dans le même vase. Il leur a fallu rendre miraculeux le remplacement de ce fluide; ici il suivrait les lois de la nature, si, en nous conformant à son travail admirable, nous peignions les fleuves, non comme d'indolentes divinités, donnant ce qu'elles n'ont pas reçu; mais, au contraire, comme des demi-dieux très-actifs, des *Briarées* aux cent bras étendus, et recueillant dans l'urne immense des vallons, réceptacle des eaux pluviales, le fluide élevé en vapeurs, le filtrant ensuite dans les bancs de rochers et de granit de cette urne gigantesque, et le rendant enfin limpide aux besoins des mortels, ou à de nouvelles aspirations en vapeurs.

Ainsi, toujours, suivant cette image, les poëtes nous peindraient cette même *Thétis*, recevant dans son sein une foule de fleuves infidèles, qui lui portent un tribut de plus en plus affaibli dans leur cours par la combinaison d'une partie des eaux avec l'organisation végétale : car ces fleuves perdent dans leur trajet une portion de l'hydrogène et de l'oxigène, dont se compose leur empire. Une partie se combine dans les fonctions de la végétation ; elle se transforme par là progressivement en corps solides aux dépens du liquide. Ces amans ingrats reportent donc moins à Thétis qu'elle n'a donné d'abord en vapeurs ; Cybèle s'accroît sans cesse aux dépens de l'épouse de l'Océan, et tel jour viendrait, où Thétis appauvrie et desséchée, ne recevrait plus de ses amans qu'un tribut imperceptible pour prix des faveurs innombrables dont elle les a comblés, et qu'ils ont versés sur Cérès, Flore et Pomone.

Si Neptune nous a paru plaisant dans son erreur sur la nature de son empire, que penserons-nous de Vénus que les mythologistes font toujours naître de l'écume des eaux ? Quel blasphème pour les amans ! la déesse des plaisirs, l'idole de la jeunesse, l'emblème de toutes les perfections pour notre imagination enchantée, serait le produit de l'oxide d'hydrogène combiné au muriate de soude, au sulfate de magnésie, de chaux, etc. Si les anciens ont voulu figurer par cette écume, à-la-fois produit terrestre et marin, l'universalité de l'empire de Vénus, quelles images plus délicates, plus grandes et plus vraies en même temps, ne puisera-t-on pas pour créer l'amour dans l'attraction, dans les affinités, en se rattachant aux grandes causes de l'harmonie de l'univers ?

Ouvrons le Pygmalion de l'immortel Rousseau : voilà la poésie non rimée ! la poésie riche d'idées sublimes, parce qu'elles sont à-la-fois brûlantes et réellement physiques ! « *Je péris par*

» *l'excès de vie qui lui manque!* » s'écrie le sculpteur amoureux! On voit qu'il est pénétré des lois de l'équilibre universel ; qu'il sent passer par son cœur ces feux qui se répandent, se dilatent dans les corps les plus froids, pour répartir entre tous une égale chaleur. Voilà le désir, le désir de créer expliqué! Vénus, la céleste Vénus est ici, cause nécessaire, chimique, sans cesser d'être déesse, et n'est pas pour le poëte une vaine écume, image à-la-fois dégoûtante et sans allégorie ni vérité.

Si Vénus est définie par le désir de créer, l'amour qui en est le résultat, nous paraît dépeint d'une manière bien plus ingénieuse. Ses attributs sont puisés dans la nature et dans la vérité; en effet, les anciens devaient moins se tromper sur la définition de ce Dieu : on le sent, les autres s'imaginent, et le cœur égare moins que l'esprit.

Quoi de plus aimable, de plus ingénieux que la cécité de Cupidon, ce flambeau, cet arc, ce ris malin et ce carquois inépuisable, dont chacun a reçu quelque trait en sa vie? Ah! tant qu'il y aura des poëtes, tant qu'on aimera, toujours cet enfant sera l'allégorie charmante de la plus forte des passions.

Mais, en conservant cette image agréable à la poésie, n'expliquera-t-elle point les effets incompréhensibles de l'amour? ne fera-t-elle pas les mêmes progrès que les sciences? tout restera t il emblématique, ou le simple effet des caprices d'un Dieu imaginé? Enfin, le poëte se trainera-t-il toujours servilement sur les mots d'*émotion*, de *soupir*, de *félicité*, d'*inconstance*, sans en reconnaître les causes dans ses tableaux, au moins dans un sens figuré, et en se créant une nouvelle mythologie.

Le premier regard d'une femme charmante qui nous plaît, cette affluence subite de désirs, le feu rapide qu'un seul coup-d'œil fait circuler dans tout notre être, ce tremblement, ce froid qui le suivent, tous ces effets entièrement physiques et exprimés dans la fable par un trait du fils de Vénus, le seraient-ils moins, en peignant sous le voile de l'allégorie l'éclair rapide du fluide électrique ou galvanique qui surabonde en l'objet aimant, et s'élance vers l'objet aimé, au point de priver le premier de chaleur et de vie.

Trouveront-ils moins de délire, d'exaltation dans la peinture des jouissances, et sur-tout de la première et la plus douce, peut-être, d'un baiser ? Toujours laissant à notre imagination à définir cette impression étonnante, les mythologistes paraîtront-ils ignorer qu'elle est encore un effet électrique ou galvanique, une suite des lois de l'équilibre, et sans perdre la grâce des images, ne pourront-ils laisser entr'ouvrir le voile de la vérité ?

L'inconstance, ce coup terrible qui prive l'objet abandonné, de chaleur, de sentiment, et souvent d'existence, ne sera-t-elle pas, pour ce dernier, la perte de ces mêmes effets électriques, devenus nécessaires à cet infortuné, et qu'un infidèle va prodiguer à de nouveaux objets, qu'il charmera aux dépens de celui qui en sera privé ?

Je suis bien loin de croire qu'on refroidisse la poésie en peignant ainsi les causes physiques des passions ! Puisqu'il faut personnaliser, déifier en ce langage sublime, n'est-il pas plus naturel, plus grand, de déifier les causes premières ? Par exemple, le désir est la base de l'amour, de l'ambition, de toutes les passions. En déifiant le désir, les passions ne sont plus que des alliances de ce Dieu. Allons plus loin : le désir lui-même est une suite des affinités ou de l'attraction universelle ; déifiez l'attraction qui est la cause première, alors tous les désirs ne sont plus que des alliances de l'attraction ; et certes ! cette déesse n'en aura pas plus que les immortelles de l'Olympe, qui égaraient leurs aimables caprices sur de simples chasseurs, des bergers ou des guerriers poudreux, pour donner le jour à des demi-dieux, la plupart insignifians.

Combien cette mythologie, entièrement basée sur la vérité, et qui se rattache aux grands phénomènes de l'univers, puisqu'elle les explique autant que les passions, laisserait loin d'elle la mythologie ancienne ! Ici nos demidieux existent, puisqu'ils sont les premiers agens de l'Etre suprême (1); ils tiennent en effet les rênes de l'univers, tandis que l'ancien Olympe, composé de causes secondes, ne paraît plus qu'un instrument, une dépendance des divinités positives et évidentes que nous leur substituons.

Si nous passons à l'antre ténébreux de Pluton, à l'*Empire des Ombres*, que d'observations vont nous frapper ! L'ombre physique d'un corps est sa projection sur un plan par un corps lumineux. Ainsi les ombres des mortels, suivant eux, sont, pour ainsi dire, la projection de leurs corps sur le ta-

---

(1) On n'oubliera pas qu'il ne s'agit ici que d'allégories sur la divinité, et dût-il s'agir de la vérité, l'homme juste sentira que simplifier les instrumens que suppose notre faible intelligence à l'Être suprême, c'est lui rendre hommage ; les multiplier, les rendre contradictoires, impossibles, c'est blasphémer sa puissance.

bleau du néant par le flambeau de la vie; c'est-à-dire l'image d'un corps qui n'existe plus, sur un tableau qui n'existe pas davantage. On voit que nos anciens mythologistes n'avaient pas des définitions très-nettes en physique ; mais il fallait parler aux sens du vulgaire même en le trompant; et en admettant encore des ombres errantes, l'expression est inexacte, car la vue n'étant que l'impression des rayons lumineux réfléchis par l'objet qu'on regarde, si l'ombre est visible, elle réfléchit les rayons ; si elle réfléchit, c'est donc un corps solide, et ce n'est plus une ombre. Ainsi ces ombres ne pouvaient être visibles qu'à l'imagination ; et quand *Orphée* et le pieux *Enée* descendaient aux Enfers demander l'ombre d'une épouse ou d'un père, ils ne demandaient rien, ou plutôt leur imagination pieuse avait déjà sur la terre l'objet chéri qu'ils allaient réclamer au fond du Ténare (1).

---

(1) Robertson donne une idée très-ingénieuse

D'après ces observations, combien ne serait-il pas plus grand, plus vrai dans notre mythologie, de déifier l'indestructibilité des corps ! La mort même, la redoutable mort, ne serait plus alors qu'une inconstante Circé, changeant à son gré les formes des êtres sans les annuller, et pour sacrifier à l'idée si douce de l'immortalité de l'ame, n'aurait-on pas le fluide électrique, véritable ame de l'univers, qui ne meurt jamais, qui passe de corps en corps, les anime, les laisse éteindre, les fait renaître, et qui doit être le véritable agent du Jupiter de la mythologie.

Les poëtes anciens ont pressenti ces

---

des moyens employés par les prêtres égyptiens, et en général de leurs prestiges. Un foyer lumineux, approché ou éloigné, fait diverger ou converger les rayons passant à travers un plan découpé exprimant la figure, et ainsi les renforce ou les affaiblit, ce qui produit l'illusion la plus complette pour le spectateur, quant à l'accroissement de l'objet. L'œil attribue en outre, au corps, le mouvement du foyer, et dans le rapport de la base à l'axe du cône lumineux.

vérités aujourd'hui démontrées. Ce feu divin, ce feu sacré des Vestales, n'était sans doute qu'un pressentiment de l'existence du fluide électrique ; et quand Pythagore bornait sa métempsycose à la transformation des animaux, il n'errait que sur l'intensité : tout sur la terre a vie, a changement, suivant les affinités et le concours de ce fluide.

En effet la physique a démontré que les plantes, tous les végétaux ont des amours, des passions, des mœurs : une partie du règne minéral a été soumise à la même observation ; et quand plusieurs poëtes ont déjà chanté avec succès ces amours nouvelles (1), ces découvertes piquantes ; quand ces chants même prouvent que la poésie s'occupe de ces mystères, admettra-t-elle toujours ailleurs une mythologie contradictoire, la mythologie des sens opaques, et non celle des vérités démontrées ?

Admettra-t-elle encore la *Parque*

---

(1) Le poëme des Plantes de M. Castel, celui de M. Esmennard sur la Navigation, joignent les charmes de la poésie à l'instruction et au goût des sciences.

fatale qui rompt à jamais la trame de nos jours, sans montrer que sa sœur rattache aussitôt le fil rompu à un autre, plus heureux peut-être pour créer une nouvelle vie? Au lieu de ce trio funèbre, la poésie devrait, ce me semble, nous peindre d'aimables sœurs, aussi occupées à rattacher, à combiner les fils de nos jours qu'à les rompre, et qui, loin de jeter les fuseaux, les conservent avec soin, pour le tissu inaltérable de l'univers.

Le *Temps* qui détruit tout suivant l'ancienne poésie, devrait se borner à tout changer, et le changement n'est pas la destruction; il garderait sa figure vénérable, ses ailes rapides; mais la poésie lui ôtera sa faux, qui n'a de prise que sur les composés, et qui ne saurait atteindre les élémens des corps toujours inaltérables.

Ces modifications admises, l'existence animale n'étant qu'une opération chimique plus ou moins longue, pour arriver à de nouvelles compositions des corps, et la mort que la décomposition d'un ou plusieurs pour en former d'autres, avec quelles images délicieuses et vraies la poésie ne remplacerait-elle pas l'*Elysée* des anciens par un *Elysée* possible, dont jouiraient même les vivans ? La cendre de l'homme vertueux, celle des amis et des amans fidèles, recueillies avec soin et sans nul mélange terrestre, seraient la base productive de végétaux qui en perpétueraient le souvenir et presque les formes, ou plutôt seraient ces amans eux-mêmes. Ainsi ces bosquets de rosiers, de jasmins, de fleurs délicieuses, seraient des couples heureux qui s'aimèrent et se chériraient encore sous d'autres formes, puisque ces fleurs, s'inclinant l'une vers l'autre, versant dans leur calice une amoureuse poussière, désirent, jouissent et procréent, d'après les observations du naturaliste.

Ainsi, toujours suivant la même idée, ce groupe de cèdres élancés vers le ciel, et dont la base est entourée de cyprès, de pins et d'arbres toujours verds, est le même groupe de héros qui périrent à cette place, qui n'ont changé que de forme, et dont la tige élevée, la sève résineuse et inflammable, n'est qu'une nouvelle modulation de leur taille gigantesque et du sang qui bouillonna dans leurs veines.

Ainsi la cendre du magistrat vertueux, du législateur sensible, des amis désintéressés, prendrait bientôt la forme du chêne civique, de l'olivier paisible et de l'acacia embaumé, répandant à l'entour le parfum des vertus du sol animé qui les fit naître.

Plus loin, les restes toujours productifs du poëte aimable et sans fiel, du musicien sensible, du peintre fougueux, renaîtraient sous l'écorce du laurier, du myrthe, du palmier verdoyant, mais toujours amaigri par la ronce et l'églantier, qui dévorent leur existence à tout âge.

Ajoutons que l'analogie parfaite des végétaux, dédiés par les anciens aux talens et aux vertus, avec les formes et les caractères des êtres qui les possédèrent, semblent accréditer encore l'idée de cette transformation possible, et faire croire, de plus en plus, qu'ils basaient les attributs sur ces idées de métempsycose?

Revenant donc à l'idée que rien ne se détruit, mais que tout change de forme, quittons cet Elysée, le seul possible, le seul susceptible de concilier l'imagination des poëtes avec les qualités physiques et indestructibles des élémens des corps, et pénétrons dans l'antre de *Vulcain*. Voyons ce Dieu du feu, occupé à forger les foudres de Jupiter, c'est-à-dire à créer la foudre électrique, avec des fossiles de l'île de Lemnos ou du Mont-Etna. La mythologie ancienne pouvait se permettre de telles merveilles chimiques ; mais on conviendra aujourd'hui que le poëte ne peut répéter ou accréditer des phénomènes qu'il sait impossibles, sans être volontairement propagateur de l'ignorance (1).

---

(1) L'erreur a trouvé un poète immortel dans

Ainsi, au lieu d'un forgeron enfumé, Vulcain, si toutefois Jupiter a besoin d'un aide-chimiste, devrait au moins être dépeint, non précipitant un lourd marteau sur un fer enflammé, mais fesant tourner les immenses machines électriques, ces globes vitrifiés, nommés planètes, d'où jaillit à longs traits le fluide électrique qui les anime, et qui est la véritable arme de Jupiter, comme il est son plus grand bienfait.

Par cette explication de la production de la foudre ou de l'électricité concentrée, on concevrait alors le véritable hymen de *Vulcain* avec *Vénus*, la déesse du désir et l'aimable conducteur de l'électricité amoureuse; car l'époux difforme est par-là le moteur universel de ce fluide qu'il transmet à l'infidèle, et que la voluptueuse immortelle va prodiguer ensuite avec grâce à *Mars*, à *Adonis*, à la nature entière. Ainsi, l'on entrevoit

---

l'auteur des Métamorphoses, espérons que la vérité aura enfin son Ovide, créateur d'une mythologie à-la-fois agréable et instructive.

qu'en généralisant davantage les attributs et les fonctions, nous pourrions conserver les noms, les qualités et les tendres erreurs même de quelques divinités de l'Olympe.

Par-là, j'expliquerais encore l'existence du feu sacré ravi par Prométhée. Ce n'étoit pas le feu apparent que le téméraire allait dérober, il s'adressait à la cause première, il cherchait le fluide électrique, et on l'aurait peint non en proie aux vautours, mais anéanti, foudroyé par une épouvantable commotion, si un seul des anciens mythologistes avait éprouvé l'accident du savant Muschembrock.

Par-là, j'expliquerais également l'identité d'*Apollon*, Dieu du Parnasse, et de *Phœbus*, dispensateur de la lumière, c'est-à-dire, par les rapports du feu lumière avec le feu électrique, base des grandes conceptions et des traits de génie. Quel grand artiste n'a cru éprouver de ces commotions dans ses productions heureuses! Pareil à la Sybille en inspiration, il semble se charger de toute l'électricité des objets matériels qu'il veut peindre; bientôt tous ses nerfs tendus paraissent saturés du fluide, son cerveau s'en inonde, tout à-coup l'étincelle du génie jaillit, et le tressaillement subit qu'il éprouve, absolument pareil à la commotion électrique, ne semble-t-il pas le départ de ce fluide du cerveau de l'artiste heureux, véritable conducteur de ce grand agent de la nature?

En appliquant cette idée aux succès comme aux revers dans les arts, on remarquera que les poëtes anciens dans la chute d'Icare ont été physiciens sans s'en douter, et jusques dans les détails; ils ont fait élever *Icare* vers l'astre du jour, au moyen d'ailes attachées avec de la cire. On sait que la cire isole des corps électrisés, et que pour se charger de ce fluide au dernier point, c'est la substance employée par les physiciens. Icare, donc pour s'élever vers *Phébus*, c'est-à-dire, pour concevoir un chef-d'œuvre, s'isola, se chargea d'une électricité prodigieuse; mais ne put soutenir la commotion terrible. Il fut foudroyé

droyé par elle comme l'infortuné Muschenbrock le fut en soutirant l'électricité des nuages. Ainsi, en supprimant les ailes fondues, seule cause de destruction connue aux anciens en pareil cas, on voit que l'ingénieux *Dédale*, père d'*Icare*, eut un pressentiment de la cause, mais ne put prévoir l'effet, ainsi que l'infortuné physicien hollandais.

En conservant toujours l'idée de l'analogie parfaite de l'électricité avec la matière du feu, on peut encore rendre vraisemblable la mort d'Hercule.

L'amour étant considéré comme l'électricité positive, puisqu'il y a expansion ; la jalousie comme l'électricité négative, puisqu'il y a privation ; on voit que le vêtement du jaloux Nessus devait être un épouvantable conducteur, et qu'en touchant Hercule, l'époux infortuné dut en éprouver la commotion terrible qui le consuma, et qui fut la cause à-la-fois morale et physique de la mort de ce héros (1).

---

(1) Les expériences de Volta et de plusieurs

Si nous passons à la végétation, à l'empire de *Cérès*, de *Pan* et des *Driades*, que de modifications pour rendre cette mythologie intelligible à la majorité des lecteurs, aujourd'hui assez instruite des merveilles chimiques et des opérations de la nature dans l'accroissement des végétaux ! On nous dépeint *Cérès*, enseignant aux hommes à labourer la terre, comme si le travail mécanique suffisait pour cet accroissement. L'art de produire, de modifier la sève qui est le sang des plantes, et que la chimie prépare aujourd'hui avec tant de succès, devait être, je pense, un des premiers bienfaits de la déesse, si les mythologistes en eussent eu connaissance. Elle

---

physiciens célèbres prouvent que les fluides magnétiques, galvaniques et électriques, ont une même base. En vain on leur oppose quelques expériences isolées, ils auront pour eux, outre les preuves physiques les plus convaincantes, cet argument irrésistible : « Celui qui » simplifie *les agens de l'Etre suprême*, *est* » *nécessairement le plus près de la perfec-* » *tion ou de la vérité* ».

n'enseignait à ses élèves que le travail mécanique de la base, et leur laissait ignorer que les végétaux respirent, s'abreuvent d'oxigène pendant la nuit et une partie du jour, comme ils en exhalent aussi quand ils sont exposés au soleil ; en un mot, qu'ils puisent dans l'air, autant que dans le sein de la déesse, leurs sources d'accroissement et leurs propriétés. Ainsi, loin d'attribuer à Cérès ou à la terre seule la végétation, Neptune ou les divinités emblématiques des gaz répandus dans l'atmosphère, seraient dépeints également comme causes premières et bienfaitrices (1).

---

(1) On doit expliquer ici le phénomène de l'inhalation et de l'exhalation alternative de l'oxigène par les végétaux. Quand le soleil les frappe, la masse d'air atmosphérique est dilatée ; ses fluides élastiques ne peuvent faire équilibre à ceux qu'exhalent les pores des végétaux plus lentement échauffés, et il y a alors expansion d'oxigène du végétal ; c'est ce qui rend l'ombrage et le voisinage des arbres si délicieux pendant les chaleurs et la raréfaction de l'air. Au contraire, pendant la

Observons cependant que *Pan*, dieu des bois, semble, par ses emblèmes, se rapprocher légèrement de la nécessité de faire concourir les bases de l'air à la végétation. On le dépeint jouant de la flûte, au sein des forêts, c'est-à-dire, introduisant l'air dans un roseau, dont il tire des sons mélodieux. Ne pouvons-nous pas supposer, pour l'honneur des mythologistes, que, tandis que Cérès ou la terre reçoit et élance le premier jet du végétal, *Pan* indique ainsi la combinaison fréquente de l'oxigène

---

nuit, pendant les crépuscules, et même pendant une grande partie des jours sombres de l'année, où l'air est plus frais, que les fluides élastiques internes des végétaux, il y a absorption de la part de ceux-ci, dont l'oxigène ne peut faire équilibre à l'oxigène atmosphérique, insistant à tous leurs pores. Delà on doit conclure l'insalubrité connue du repos pendant la nuit sous les feuillages ; delà se conclut aussi l'organisation des branchages des arbres suivant leur plus ou moins grande oxidation connue. Nous reviendrons à cette idée, lorsque nous traiterons de la mélodie végétale dans le chapitre de la peinture.

avec le rejeton naissant, combinaison sans laquelle il ne peut prendre d'accroissement ?

Les amours de *Zéphir* et de *Flore* peuvent encore, ce me semble, s'interpréter dans le sens de la nécessité du concours des bases de l'air pour la végétation. Nos anciens poëtes n'y ont vu qu'une image agréable; une rose balancée par le vent léger du matin, leur a paru attendrie, émue et caressée par Zéphir; mais en observant que ce Zéphir est le véhicule des élémens de l'air indispensables à la végétation, on voit que ce qui n'était pour eux qu'un tableau délicat, une fiction de l'esprit, devient une loi physique nécessaire, une intelligence secrète et une communication réelle entre les deux amans.

En poursuivant les définitions anciennes, tâchons également d'expliquer les malheurs de *Sémélé*, mère de Bacchus, Dieu du vin, ou du vin même. La fable nous peint l'indiscrète beauté, consumée par son amant Jupiter, dans la visite de cérémonie, dont il l'honora par les conseils de Junon. Ne pourrions-nous pas dire pour rectifier en ceci la mythologie, que la belle Sémélé fut une jeune imprudente qui s'enivra? Le Bacchus qu'elle portait en son sein, était quelque excellent vin de Sciros, c'est-à-dire, un composé d'*eau*, *de tartre, d'une partie colorante, d'acides végétaux, et sur-tout d'un esprit inflammable ou alcool.* Cet esprit, cet alcool pris à l'excès où Jupiter lui-même la fit périr (1); car on sait combien l'alcool est inflammable, c'est-à-dire, a d'analogie avec le dieu du tonnerre ou la matière du feu.

Bacchus fit, dit-on, la conquête des Indes; il se transforma en lion pour combattre les géans qui escaladaient le ciel; effets connus du breuvage auquel

---

(1) Les combustions spontanées des corps vivans saturés d'alcool, et dont la physique vient de reconnaître plusieurs exemples terribles, se présentent à l'appui de cette définition. (Voyez *la femme brûlée*, journal *Minerva*, etc., etc).

ce Dieu préside. L'esprit ardent, dont le vin paraît le véhicule plus que toute autre boisson fermentée, passe dans l'organisation animale, et y porte une exaltation proportionnée à son intensité dans le breuvage ; ainsi, loin d'étendre aux Indes seulement le règne de Bacchus, les poëtes nous le peindraient aujourd'hui, ayant conquis presque toute la terre, bouleversant plus d'une contrée, semant la folie, les jeux, les ris ; mais aussi les troubles et la discorde, en raison des zônes terrestres où il se trouve, et de l'esprit inflammable que le climat lui donne. Ils iront plus loin, sachant que la distillation réitérée sépare cet esprit des autres élémens du nectar des mortels ; que ces élémens appartiennent à l'empire de Neptune, de Cérès et des autres divinités que nous avons reconnues, ils borneront la définition de Bacchus à celle d'un esprit inflammable qui commença par brûler sa mère, et qui menace des mêmes effets celles qui tenteraient de l'imiter.

Nous pourrions, en continuant ainsi

l'examen des divinités de l'Olympe, reconnaître, avec les poëtes modernes, l'absurdité des définitions anciennes et des attributs des Dieux, chercher les modifications que les sciences exactes pourraient permettre, afin de ne pas perdre d'aimables allégories et pour élaguer rigoureusement les nombreuses absurdités chimiques qui, dans la mythologie admise, abusent l'enfance et propagent l'erreur; mais dès long-temps l'extravagance de la fable céleste est reconnue; s'il s'y trouve quelques emblèmes ingénieux, d'autre part, nul doute que la très-grande majorité des définitions et des attributs ne soit la compilation successive des résultats de l'imagination des anciens poëtes qui, chacun, suivant leurs convenances, ont augmenté la famille Divine, ou inventé des branches collatérales. Ce serait donc combattre des chimères; pour deux ou trois fables qu'on explique, cent erreurs se présentent sans aucune liaison, sans relation avec les divinités premières, c'est-à-dire, avec les *élé-*

mens des corps, seules bases d'une mythologie admissible.

Il suffit sans doute d'avoir fait sentir la nécessité de cette nouvelle mythologie, ou du moins de modifier l'ancienne, d'autant plus dangereuse qu'elle présente sans cesse l'erreur sous les formes les plus séduisantes, et embellie par tous les trésors des arts.

DU LANGAGE POÉTIQUE.

Si la poésie est la langue des Dieux, ses caractères distinctifs doivent être la *précision*, la *mélodie* et la *simplicité des signes*. *La précision*, en ce que la Divinité ne peut se tromper ; et bien qu'il soit impossible d'en dire autant des poëtes, ils doivent, je pense, se rapprocher le plus possible de ce premier caractère. *La mélodie*, en ce que le choix des expressions, le charme, la magie céleste, pour ainsi dire, doivent se faire sentir à chaque instant et colorer le style. Enfin, le *laconisme* ou la *simplicité des caractères*, en ce que rien n'est plus laconique que les accens de la vérité, et que l'affluence des paroles, est le plus souvent l'indice de l'absence des pensées ; essayons de rechercher si la poésie française en général, telle qu'elle existe en ses entraves et ses ornemens usités, peut, quel que soit le talent du poëte, servir son enthousiasme, et devenir en effet l'organe des Dieux.

C'est en prenant encore pour guide les sciences exactes, que nous pourrons examiner cette question. Toujours compagnes de la vérité, c'est sur leurs pas que nous la trouverons, et la poésie n'est belle qu'autant que les mensonges même qu'elle chante, sont peints avec fidélité.

Si donc la chimie et la mécanique nous ont semblé indispensables pour apprécier les faits et les images que traite la poésie, la science algébrique me paraît indispensable également pour apprécier le langage poétique.

Que l'algèbre n'effraye point ! il n'épouvante que couvert du manteau des écoles, et si nous faisons remarquer que les plus beaux vers sont des équations algébriques, les sentences, des équations algébriques, une belle phrase, musicale même, et par suite la mélodie du vers, des équations algébriques, on conviendra que cette langue calculée, est la véritable échelle d'appréciation des pensées, puisqu'elle en est l'expression la plus simple.

Il suffit, pour s'en convaincre, de définir l'algèbre. L'algèbre est l'art d'exprimer les quantités par des signes, d'opérer sur elles, comme si elles étaient connues, par des calculs ou raisonnemens justes, pour en extraire et connaître enfin la valeur des choses inconnues.

Or, cette définition est précisément celle de l'opération de l'esprit en lisant.

Toute phrase poétique (1) est une équation algébrique, dont le sens est l'inconnue plus ou moins facile à extraire, dont les mots sont les quantités, les verbes les multiplicateurs ou diviseurs, dont les adjectifs sont les quantités additionnelles ou soustractives aux substantifs, et dont les adverbes enfin sont les exposans. Que fait le lecteur ? Il compare d'abord les quantités ou les

---

(1) On en peut dire autant de la prose, quant à la précision. Ces premières observations sont communes aux deux langages.

membres de la phrase, c'est-à-dire, il pose, pour ainsi dire, son équation, il ajoute ou retranche par une conception rapide à chaque substantif une valeur suivant la qualité de son adjectif, ce qui équivaut à l'effet du signe $\pm$ de l'algèbre ; les verbes indiquent ensuite l'emploi, qui est toujours de multiplier ou diviser physiquement ou métaphysiquement ; l'adverbe, qui est l'exposant, donne la mesure et le degré de chaque verbe, et le jugement très-prompt à ce travail, extrait rapidement la racine de l'équation ou le sens de la phrase (1).

Pour juger donc de la précision d'une phrase poétique, il faut, ce me semble, la poser algébriquement, c'est-à-dire,

---

(1) Par exemple : *La vertu indulgente est très-aimable*, offre cette équation :

La vertu (quantité) *indulgente* ($\pm$) *est* ou ($=$) chose *aimable* (très) ou à la puissance *n* ; c'est-à-dire : *La vertu*, quels que soient les signes dont nous composerons ce mot par la suite, *plus* l'indulgence, *égale* chose aimable, au degré *très* ou à la *puissance n*.

établir les quantités, reconnaître les positives et les négatives ou les adjectifs, les exposans ou adverbes, les multiplicateurs ou diviseurs, c'est-a-dire, les verbes; tout ce qui excède les membres nécessaires d'une phrase algébrique ou d'une équation, est superflu.

La phrase posée, l'extraction de l'inconnue, ou le sens de la phrase, s'obtiendra par l'imagination d'autant plus rapidement, que l'équation sera plus simple. La phrase qui ne comporte qu'un sens, sera une équation du premier degré. La phrase où le sens est prolongé par le signe et : comportant une seconde inconnue ou un second sens à extraire ou à combiner avec le premier, est une équation du second degré, et en général le degré de l'équation est celui du nombre des membres de la phrase ou des sens coupés. Le travail de la pensée pour combiner tous ces sens extraits ou ces inconnues, me paraît absolument le même que dans le calcul algébrique, et en appliquant cette méthode à toute analyse de la poésie ou de l'éloquence, on reconnoîtra avec une extrême facilité les membres inutiles.

D'après cette donnée, on pourra donc examiner déjà les qualités premières et distinctives du langage poétique; savoir, la précision, en prenant pour type la phrase algébrique; on sent, qu'en s'y renfermant, le poëte sera le plus laconique possible; mais cette précision et ce laconisme s'accommoderont-ils du mécanisme du vers par pied et du joug de la rime périodique? C'est alors qu'on reconnaîtra, jusque dans les plus grands poëtes, une quantité énorme d'expressions superflues; c'est alors que l'algèbre, c'est-à-dire l'opération prompte du jugement, dépouillera le sens de ses enveloppes étrangères, portera son appuration jusque dans les expressions, leur donnera la justesse nécessaire, et l'on sentira enfin la difficulté d'être vraiment poëte, c'est-à-dire algébriste de la pensée dépouillée de ses entraves, ou du moins en ne gardant que celles qu'on regarde comme nécessaires pour la mélodie du vers.

La mélodie du vers français consiste, suivant la prosodie, dans la mesure ou rhythme, et dans les consonnances ou rimes; mais la haute poésie, par exemple, veut un rhythme uniforme, tandis que les pensées ou les images qu'elle retrace ne le sont point : delà une monotonie que le plus habile lecteur évite avec peine, et qui le plus souvent ne peut s'accorder avec la rapidité des peintures; c'est vouloir, ce me semble, chanter en *adagio*, toutes les situations indifféremment, la *langueur des bergers* et *la fureur des combats*, *le cours lent d'un fleuve* et *la rapidité de la foudre;* toutes ces images algébriquement exprimées, c'est-à-dire réduites à la plus simple expression, ne comporteront pas plus de vers égaux que la nature des effets uniformes. Il est clair que les vers doivent contraster comme ces effets, et la véritable mélodie étant pour ainsi dire, quant à l'éloquence, l'accord de la pensée avec la nature, comme l'harmonie est l'accord de plusieurs pensées brillantes ou de plusieurs effets,

effets, la véritable mélodie du vers consiste, je pense, à le rendre imitatif; il doit donc varier comme les objets qu'il peint; de-là l'impossibilité d'être parfaitement précis en vers alexandrins, et en général en vers égaux.

Ces observations sont loin d'attenter à la gloire de nos grands auteurs, je les admire d'autant plus dans leurs chaînes si magnifiquement voilées, qu'ils ont pressenti la poésie algébrique, et que par la force et la précision de leur génie, leurs phrases se coupent, s'abrégent et se réduisent souvent à la plus simple expression. Voilà, j'ose le dire, une partie de la magie de Corneille, de J.-B. Rousseau, de l'admirable La Fontaine, etc. Leurs pensées sont sublimes, serrées, parce qu'ils les expriment algébriquement. Forcés de sacrifier à une consonnance nommée rime, ils la rendent le moins étrangère possible, tandis que pour bien d'autres la rime est ce qu'on nomme une *constante* dans le calcul infinitésimal, quantité qu'on admet on qu'on néglige indifféremment. Les tirades de ces poëtes célèbres se coupent toujours comme l'ode, naturellement, dans une fraction quelconque du vers; et puisque nous parlons de l'ode, observons que c'est sa coupe algébrique qui en fait la grandeur et la majestueuse vérité; l'inégalité motivée des vers, sert admirablement la peinture des idées élevées, et l'on doit convenir que les véritables Pindares sont algébristes par instinct, quand les plus grands algébristes ne sauraient être poëtes par calcul.

Cette observation de l'inégalité nécessaire des vers, me paraît d'autant plus juste, que la force de la vérité a entraîné souvent les poëtes du premier ordre hors de leurs chaînes. Les vers du monologue de Rodrigue dans le *Cid*, et tant d'autres situations, où le poëte s'est jeté forcément dans l'ode, sont une nouvelle preuve de l'impulsion mathématique du génie, et de la nécessité de rompre l'uniformité du vers, quand les situations sont aussi disparates.

Corneille, supérieur dans la précision calculée des idées et dans les pensées fortes ou les quantités infinies, si je puis m'exprimer ainsi, est moins mélodieux que l'aimable Racine, parce que ce dernier poëte a pensé peutêtre que la mélodie consistait plutôt dans les consonnances du sens des vers réunis avec la nature, que dans la consonnance de chaque expression, il a été moins précis, moins algébriste par phrase, mais plus mélodieux par période; il a observé que le charme du style se composait de la beauté, de la précision des pensées et du temps nécessaire pour les concevoir sans fatigue; il a saisi la limite exacte de ce travail de la conception; et le grand charme qu'on éprouve en lisant ses vers, vient, si je puis conserver toujours le langage algébrique, de ce que ses formules sont plus claires, plus étendues, quoique moins rapides, pour établir une vérité c'est-à-dire une ou plusieurs équations.

Le vers français, comme nous l'avons dit, se compose de pieds et de rimes; nous avons observé que les vers égaux alignés, sont inhabiles à peindre les vérités inégales ; la même observation paraît s'appliquer à l'égalité binomique des pieds. Cette uniformité de syllabes par paires, outre qu'elle répugne autant que les vers égaux aux peintures variées et aux accens imitatifs de la mélodie, ne saurait, suivant mon hypothèse, suppléer les longues et les brèves, véritable langage imitatif de la nature. Les longues et les brèves sont les noires et les blanches de la mélodie poétique ; un vers ne peut pas plus être mélodieux sans elles, qu'une phrase musicale avec des notes constamment de même valeur, et si, comme je crois le prouver par la suite, la mélodie auriculaire, ou la musique et la mélodie intellectuelle, ou la poésie, ont les mêmes bases, quant aux images, et ne diffèrent que par les signes plus ingrats de la poésie, c'est-à-dire par la parole, on conviendra que des pieds appariés et indifféremment longs ou brefs, quelle que soit la beauté de la pensée, ne seront pas plus propres à rendre toutes sortes d'effets ou d'idées, qu'une suite de noires dans la mesure à deux et à trois temps, ne serait propre à rendre également toutes les passions.

Les longues et les brèves paraissent donc indispensables pour la mélodie poétique, mais non par *iambes*, *dactiles* et *spondées*, comme les anciens les appliquaient aux vers grecs ou latins. Cette uniformité, quoique moins choquante que celle de nos pieds appariés et de l'hémistiche à la hache fatale, coupant indifféremment les vers par le milieu, quoique l'image ne le comporte pas et s'en trouve refroidie; cette uniformité, dis-je, me paraît incompatible encore avec les accens de la vérité, qui sont variables; il faut avouer que la nécessité de placer artistement des longues et des brèves, a néanmoins forcé souvent les poëtes anciens à devenir imitatifs et à choisir les mots convenables : cette loi, quoiqu'imparfaite, leur rappellait l'imitation, c'était une loi enfin, tandis que ce n'est qu'un instinct dans la poésie française, instinct toujours contrarié par la binomie contradictoire des pieds, et par l'hémistiche qui ne peut peindre tout au plus que la nécessité de reprendre haleine.

Il faudrait donc, ce me semble, que les longues et les brèves ne fussent point enchaînées, encadrées, pour ainsi dire, dans les formes des dactiles et spondées, mais qu'elles fussent placées par le sens musical et descriptif, souvent avec profusion, parfois avec réserve, toujours avec adresse (1) ; mais alors même dans quel arbitraire ne tombe-t-on pas? Que d'expressions vont se refuser à la peinture des images, parce qu'elles n'auront pas, dans leur construction, les longues et les brèves nécessaires pour les peindre avec vérité ? C'est alors qu'on reconnaîtra les imperfections de toute langue vulgaire pour les vers imi-

---

(1) En vain l'on dira que nos grands poètes ont souvent su, par le choix des expressions, multiplier à propos les longues et les brèves, combien de fois la langue s'y est-elle refusée? D'ailleurs, pourquoi ériger en règles de la poésie ce qui est nuisible, et laisser à l'arbitraire ce qui est indispensable?

tatifs et la nécessité de créer un idiome symbolique, sans lequel il n'y aura jamais de véritable poésie, mais seulement une lutte pénible du génie avec l'expression, et des images avec le chaos des mots qui ne sauraient les peindre à l'oreille, après les avoir esquissées à l'esprit.

En effet, si les mots ne sont point imitatifs, comme il arrive dans presque toutes les langues, mais simplement un accent guttural, dégénéré, modifié par la tradition, et sans rapports avec l'image, c'est vouloir faire un tableau sans couleurs et se contenter du simple trait. Si donc on est contraint d'admirer les traits heureux des grands poëtes qui ont su, en certains vers et avec de tels matériaux, produire parfois l'imitation; on doit rendre grâce, à la force du génie, au hasard sur-tout qui a permis que de tel assemblage de mots résultât pour cette fois la mélodie imitative, mais rester convaincu que la très-grande majorité des vérités et des images est impossible à rendre avec les termes usités, si le poëte veut être précis et mélodieux.

De-là encore je conclus la nécessité d'un idiome particulier à la poésie de chaque peuple, idiome qui aurait de grands rapports pour tous, dans les objets matériels, puisque les vérités physiques et les images sont les mêmes en tous lieux ; idiome dont on essayera de donner quelques idées dans la suite de cet ouvrage.

Tâchons d'observer maintenant l'effet de la rime quant à la mélodie et à la mesure.

Si l'on considère la rime, comme aidant à la mélodie, ce ne peut être que par la consonnance des terminaisons des vers avec l'idée ou la peinture à rendre : or, je ne vois pas alors comment cette uniformité binaire d'intonnations pourrait s'accommoder avec la variété des images, et pour ne jamais perdre de vue l'imitation qui est la véritable mélodie, nous remarquerons ici dans la rime, quant à elle, les mêmes inconvéniens que ceux produits par la binomie des pieds ; car, ou la première rime est imitative du sens du premier vers (1), ,ou elle ne l'est pas ; si elle est imitative, la seconde est superflue ou dissonnante pour la première idée, ou bien la phrase précédente serait ordinairement trop prolongée à dessein de l'encadrer dans son sens ; si la rime n'est pas imitative, c'est un mot impropre ou superflu, nuisible à la précision, et placé pour naturaliser la seconde rime ; à plus forte raison ceci s'applique-t-il à une troisième plus nuisible encore à la précision ou à la mélodie, en appartenant plus sûrement à un autre sens et à une autre phrase.

Il n'est que certain cas où la rime me paraît naturelle et imitative ; c'est alors qu'elle se place d'elle-même et confirme tout ce que nous avons avancé sur la nécessité de peindre plus fidèlement les images par l'impression auriculaire des mots ; ce cas est celui où l'on retrace des effets mécaniques uni-

---

. (1) En supposant qu'il forme une phrase.

formes, tels seraient *le mugissement des flots* dans un poëme, *les coups répétés du marteau* de Vulcain dans son antre, etc. etc.; dans la poésie champêtre, *la chute d'une cascade, le bruit d'un moulin, le galop d'un cheval*, ou tous autres effets d'une impression uniforme. La rime alors est appellée par l'oreille ; car la nature rime elle-même; elle est nécessaire pour l'imitation, comme la précision pour le vers : en un mot, la rime aide et paraît même indispensable à la mélodie des effets répétés, autant qu'elle est déplacée redondante et nuit à la précision dans tout ce qui n'est pas imitatif.

La rime se place naturellement encore, et devient mélodieuse pour les images métaphysiques réitérées, et en général pour tout ce qui rappelle des impressions uniformes à l'esprit et au cœur. Ainsi, pour peindre à l'imagination *la succession des temps, les jours heureux de l'âge d'or, la langueur des amans constans, les instans écoulés dans un doux sommeil, la tranquillité d'ame*, enfin toutes les situations semblables, soit des sens, soit du jugement, l'uniformité de la rime paraît encore naturelle et mélodieuse; mais la placer par-tout, c'est contredire la nature qui ne ressort que par les contrastes, c'est n'en garder aucun pour la poésie.

Si le grand législateur de la poésie française, Malherbe qui, sans calcul et sans base bien motivée, forgea ces brillantes entraves au génie, a cru opérer ces contrastes par l'opposition des rimes musculines et féminines, il paraît s'être encore plus éloigné de la vérité et de la mélodie. En effet, comment imaginer dans le vers alexandrin, par exemple, que les pensées exprimées algébriquement puissent s'alonger ou se raccourcir de manière à encadrer toujours la rime imitative? Comment ne pas chevaucher aux dépens de la précision, pour éviter qu'une image douce n'arrive à une rime masculine toujours dure, outre qu'elle est déjà fausse en mélodie, si la pensée ne la prescrivait pas? N'est-ce pas demander, en tout ce qui n'est pas vers libre, que les pensées soient alternativement dures et douces de deux en deux vers, et que la phrase algébrique ne dépasse pas certain nombre de pieds, puisque la rime en mélodie doit toujours être le timbre de la pensée? Il est donc évident que l'auteur est alors placé entre une monotonie insupportable et l'impuissance absolue.

Je dois le répéter encore, je n'attaque ici que les règles mal combinées de la poésie, et nullement les grands auteurs dont le génie a su les dompter quelquefois à force de travail et par cette tendance naturelle qu'ont les êtres supérieurs à la précision; mais j'ose penser néanmoins que si le célèbre Boileau eût employé, à démontrer la contradiction qui existe entre les règles de la poésie et celles de la nature, ainsi que la nécessité de les accorder, le même talent qu'il a mis à polir les chaînes mal combinées des enfans du Parnasse, nul doute qu'il n'eût opéré une grande réforme dans cette prétendue langue des Dieux, dont les lois paraissent toutes contraires aux indices d'un idiome céleste, *la précision*, *la mélodie* et *la simplicité des caractères* (1).

On citera en vain de beaux vers et les efforts heureux de certains poëtes ; si l'on veut analyser avec soin ces vers, on verra que la rime n'y est mélodieuse et d'un grand effet que dans les tableaux, et que si un talent exquis est parvenu parfois à dissimuler sa superfluité dans ce qu'on nomme pensées, ces vers sont des hasards fortunés, des diamans précieux qu'on trouve d'un seul jet sans les chercher, et qui brillent entourés de pierres fausses et d'ornemens superflus (2).

---

(1) Voltaire, à-la-fois poëte et mathématicien passable, Voltaire peut-être eût été préférable encore pour cette réforme.

(2) N'en déplaise aux détracteurs moroses des vivans et qui n'encensent qu'aux obsèques, plusieurs de nos tragiques contemporains ont trouvé cependant de ces diamans, et en ont formé de brillans diadêmes pour *Epicharis*, *Agamemnon*, *Marius*, *Henri VIII*, etc. ; mais les bons vers, en tout temps, ne sont pas moins des trésors impromptus. Cette combi-

Un des charmes de la rime est, on ne peut se le dissimuler pour certains lecteurs, celui de la difficulté vaincue; mais quelle difficulté? Ce retour périodique d'un son qui ne concorde point avec l'image, ou qui n'en a point à rendre, peut-il avoir du charme pour une oreille délicate et un esprit précis, qui savent d'ailleurs avec quelle profusion les rimes se présentent? Ignore-t-on qu'il en est des magasins immenses tout préparés, et où le lapidaire, poëte, puise les prétendues pierres précieuses qui encadrent son travail de marqueterie, et qui, le plus souvent, n'ont nul rapport avec le dessin?

Dira-t-on enfin que la rime produit en poésie le même effet agréable qu'un motif ramené en musique? Ce serait lui faire encore plus rigoureusement son procès pour tout ce qui n'est pas image ou sensation répétée. Tout motif

---

naison d'élémens syllabiques est la seule, dans la langue, qui concilie la précision et l'harmonie pour une pensée donnée; en d'autres cas, et c'est le plus grand nombre, elle est impossible.

en musique ne plaît, suivant nos hypothèses, que parce qu'il peint quelque chose à l'ame ou à l'esprit (1). Le motif est une phrase, et la rime n'est qu'un mot : le retour de la phrase-motif ramène une idée, le retour de la rime, même motivée, n'amène qu'un son détaché. Enfin, le motif est un chant, la rime un coup de timballe, appliqué le plus souvent à contre-sens et à contre-mesure.

Ceci nous amène naturellement à considérer la rime quant à la mesure.

Nous croyons avoir démontré que la rime n'est mélodieuse que quand elle est commandée par la nature, c'est-à-dire, imitative; nous avons avancé encore qu'elle n'est point un chant; il me semble qu'elle n'est pas même le coup de la mesure dans les vers égaux, et cela est évident : car, sans employer les longues et les brèves, véritables notes de la musique poétique, et qui dès-lors rendraient les vers fort inégaux à la lecture, quoique

---

(1) Voyez le chapitre *Musique*.

égaux en pieds, on doit remarquer que le vers se lit avec une vîtesse proportionnée au sens qu'il exprime, dès-lors la mesure se trouve constamment précipitée ou ralentie, et la rime alors semble n'être là que pour faire sentir plus désagréablement ces différences, et battre à faux la mesure.

En se résumant, *la rime n'est pas toujours nécessaire, elle est souvent contraire à la vérité, à la précision du vers; elle n'est jamais un chant, et elle nuit à la mesure* (1).

Venons au troisième caractère de la

---

(1) Les plus grandes beautés de l'art poétique de Boileau consistent, chacun l'avouera, dans les règles de la composition du discours, règles qui s'appliquent également à la prose élégante ou à la poésie non rimée. Aussi remarquons comme il passe légèrement et avec adresse sur le mécanisme du vers! Comme il sent bien que ces principes ne sont la plupart que de convention! Comme il supplée le vice du fond par le charme de la difficulté vaincue, et court retracer les caractères véritables du génie poétique, caractères indépendans de la servitude syllabique, établie

langue

langue des Dieux ou de la vérité, savoir la simplicité des signes.

Les mots dont se compose la poésie, puisque leur réunion présente le sens ou l'image au lecteur; les mots, comme je l'ai exposé, ne sont en toute langue que des accens dégénérés, modifiés par la tradition. Quant au son et quant à la

---

despotiquement et sans motif plausible, par Malherbe et autres devanciers !

Même observation sur l'Art poétique d'Horace, source de celui de Boileau; toutes les beautés y tiennent évidemment aux principes de la composition et quant au mécanisme du vers, quels disparates entre ces législateurs du Parnasse !

Ici Boileau s'écrie : *Suspendez l'hémistiche*, etc; là Horace : *Syllaba longua brevi subjecta*, etc. Plus loin Boileau : *Gardez qu'une voyelle*, etc.; et Horace de son côté : *Spondeos stabiles in jura paterna recepit commodus et patiens........*

Ainsi Horace même persiffle les règles accommodantes de la poésie latine : ainsi ces auteurs différent sans cesse sur les élémens du vers; cependant la vérité est une en toute langue. Donc cette vérité n'est pas encore établie pour la mélodie et la précision.

manière de les peindre, ce ne sont que des hiéroglyphes, absolument dénaturés par les mêmes motifs, de manière que leur figure n'a plus aucun rapport avec l'objet, pas plus que n'en a le son. Les mots composés sont bien plus éloignés encore d'être imitatifs, puisque leurs racines ne le sont point, et que les combinaisons diverses, soit des syllabes sans rapport qui les forment, soit des autres mots non imitatifs qui y entrent, sont infinies : ceci s'applique aux substantifs comme aux adjectifs, aux verbes comme aux adverbes.

Quant aux articles et aux pronoms, ils restent toujours des mots simples, et peuvent être seulement des signes de convention.

Il résulte de ceci, que la poésie même avec le plus grand choix dans ses expressions, ne peut être rigoureusement précise, parce que les mots ne sont pas algébriquement formés, ni mélodieuse, parce qu'ils ne sont plus imitatifs dans ce qui est susceptible d'images. Qu'on crée une langue algébrique et hiéroglyphique première, sans prétendre la mettre en pratique, nous aurions peut-être les élémens d'une poésie idéale propre à servir de type à la poésie usitée, et cette langue serait l'idiome le plus propre à l'éloquence; précis, en ce que tous les mots auraient leurs véritables racines; mélodieux, en ce qu'ils auraient leur véritable timbre naturel. Dès-lors la poésie naîtrait seule et sans efforts, pourvu que l'invention fût brillante : car n'oublions jamais, qu'en cherchant les moyens de colorer la pensée, il faut que la pensée soit juste, et qu'on décorera en vain un fantôme et des monstres, c'est-à-dire, une pensée fausse et des absurdités, des plus beaux ornemens.

Cela posé, essayons d'écrire algébriquement, quant à la composition des mots et quant à la construction des phrases pour arriver à ce type d'éloquence : la première opération est, je pense, de créer un alphabet à-la fois descriptif et imitatif, dès-lors, les mots composés le seront, et nous parviendrons à leur composition, soit physique, soit métaphysique par la seule justesse du jugement et non par la routine des idiomes; dès lors, cette langue poétique algébrique devient celle de tous les pays : l'homme de la nature, le sauvage même pourra s'en servir, si ses idées s'élèvent à la hauteur des conceptions poétiques; et avec un esprit juste, il pourrait composer ses mots au lieu de les chercher dans le chaos des dictionnaires (1).

Le moyen de généraliser cet alphabet, c'est d'en puiser les lettres, ou élémens algébriques, dans la nature, dans les élémens inaltérables des corps, et dans les facultés immuables de l'entendement humain. Avec de tels élémens, on pourrait parvenir à former la plus

―――――――――――――――

(1) Je ne connaissais point la Pasigraphie de Demaimieux, lorsque je rédigeai ces Mémoires, il y a dix ans. Quoiqu'estimant beaucoup son ouvrage, j'observerai cependant des différences essentielles à l'avantage de la langue algébrique. La Pasigraphie est un simple dictionnaire de traduction universelle, et ne peut se prêter à l'éloquence. La première, au con-

grande partie des mots composés, tandis que les quantités simples ou élémens dont nous venons de parler, resteraient exprimées par un seul signe à-la-fois descriptif et imitatif.

Ainsi, on prendrait d'abord les cinq sens, ou le cri naturel que chacun d'eux arrache à l'homme, pour premiers caractères ou lettres de la langue ; et ce qu'il y a de singulier, c'est que ces cinq lettres se rapprochent beaucoup des cinq voyelles, soit par la figure, soit par l'intonnation.

Car l'*a* peut peindre de profil la bouche ouverte et son exclamation.

L'*e* peint très-bien la forme de l'oreille et l'impression du son.

L'*i* est l'image du doigt ou toucher,

---

traire, a une composition plus rapide, plus vraie et susceptible des grâces du langage ; elle se rapproche du projet de la langue calculée de Leibnitz. Au surplus, je n'ambitionne point la priorité de l'invention d'une langue idéologique ; mais je tiens à son existence, à sa précision, sur-tout à son application à la poésie, et j'applaudirai avec joie à qui l'aura trouvée.

et le cri du froid et du chaud, quantités extrêmes pour le toucher.

L'*o* peint assez bien la forme de l'œil et le cri de l'étonnement, par l'effet de la vue.

L'*u* enfin devrait désigner l'organe de l'odorat et l'aspiration.

Nous aurions ainsi d'abord cinq lettres ou caractères algébriques immuables, propres à entrer dans la combinaison de tous les mots qui ont rapport aux sens positifs.

Nous considérerions ensuite les qualités de la matière, *l'attraction, le plein et le vide, le néant et l'immensité, le repos et le mouvement, l'infiniment petit du temps et l'éternité;* nous leur donnerions leurs caractères, et nous aurions de nouveaux élémens des mots composés.

Nous prendrions, pour y faire suite, les *trois règnes, animal, végétal et minéral, les signes du Zodiaque,* qui indiquent plusieurs espèces nécessaires, les *sept planètes* ou métaux, les *trois couleurs* primitives, et nous aurions vingt-cinq lettres algébriques et constantes, indispensables encore à la formation de nos mots.

Pour faire suite à ces lettres, premiers caractères, nous prendrions les *Elémens des corps reconnus par la chimie*; nous pourrions les exprimer par le signe qu'elle a adopté pour chacun d'eux.

Ces élémens premiers des corps, sont l'*hydrogène*, l'*oxigène*, l'*azote*, le *carbone*, le *phosphore*, le *soufre*, le *calorique*, etc. Mais comme les signes chimiques qui les expriment n'ont pas plus de rapport avec eux que n'en auraient les lettres b, c, d, ou toutes autres consonnes, je préférerais, pour nous rapprocher de l'idiome usité, qu'on employât nos lettres pour désigner les élémens des corps; ainsi nous aurions encore des consonnes utilisées et ayant une signification.

Quant aux quantités intellectuelles et sentimentales, élémentaires, et propres à entrer dans la composition des mots, nous considérerions *l'entende-*

ment ou *l'intelligence*, le *jugement*, la *mémoire*, la *réflexion*, *l'affection et la haine*, et nous leur donnerions pour types les consonnes restantes, de manière à completter un alphabet de soixante lettres ou caractères propres à servir de racines à tous les mots, c'est-à-dire, à les composer algébriquement et physiquement (1).

Quelque étendu que paraisse cet alphabet, on ne peut disconvenir cependant qu'il ne fût infiniment préférable d'apprendre ces soixante élémens, pour former ensuite tous les termes sans peine, que d'apprendre, avec des peines infinies, cent mille mots, tous formés en chaque langue, tandis que l'on aurait la clef de toutes.

---

(1) Pourquoi répugnerait-on à une langue algébrique puisant ses racines dans la nature et non dans le caprice? Horace a dit : *Ut sylvæ foliis*, etc., *ita verborum vetus interit ætas*, etc. Il est donc partisan des nouveaux mots. En est-il de plus réguliers que ceux qu'on propose?

Cette évidence connue, voyons à composer ou à décomposer quelques mots algébriquement.

Ainsi, par exemple, considérons le mot *ami*, il est formé de trois lettres, qui isolément, dans l'ancien idiome, n'ont algébriquement et physiquement aucune étymologie, et ne sont qu'un accident ou une convention. Ce mot, décomposé algébriquement dans le nouveau, renfermerait cependant d'après notre alphabet : l'*a*, *la bouche* ou communication des pensées, l'*m*, *l'affection*, et l'*i*, *le toucher*, ou serrement de mains. Ainsi, ce mot qui pourrait subsister autant parce qu'il est exact, que parce qu'il est très-doux à l'oreille, indique la marche à suivre pour la formation des termes de la langue proposée.

Autre exemple. Le mot *fille* décomposé, serait un composé de *f*, le soufre, qualité inflammable, de l'*i*, le toucher, des deux *ll*, c'est-à-dire, l'intelligence et la finesse en double quantité, et de l'*e*, l'ouie très-subtile. On conviendra qu'ici la composition algébrique du mot, ne saurait mieux s'accorder avec la nature.

Nous pourrions faire encore une foule de citations de ce genre, et prouver qu'en admettant cet alphabet on pourrait conserver un certain nombre de mots fort doux, qui, ayant ainsi une composition mathématique bien motivée, acquerraient une immuabilité constante; on ne saurait se dissimuler en même temps que beaucoup de mots deviendraient extrêmement bizarres à prononcer au premier instant, et tellement éloignés de leur intonnation première, qu'ils nuiraient à la nouveauté. Cependant le but de cet idiome étant d'être général et imitatif, je ne vois pas pourquoi le terme résultant répugnerait plus à une bouche française que l'effroyable cliquetis ou déchirement nasal de certains mots allemands, et même de la plupart des termes de toute langue étrangère à celle que l'on parle : l'accent bizarre qui en résulte, est bientôt admis par l'usage, et l'idée d'une convention existante, nous aurions ici de plus à rappeller au lecteur, que le mot est dans la nature immuable, nécessaire, et doit être admis avec bien plus de confiance encore, quel que soit son résultat pour l'oreille, résultat que nous supposons dur, pour tout prévoir, mais qui pourrait souvent être fort doux.

D'ailleurs cette étymologie n'est-elle pas infiniment plus naturelle que celle des mots qu'on va puiser dans les langues anciennes, qui elles-mêmes n'étaient pas plus rapprochées de la construction algébrique? N'est-ce pas méconnaître de plus en plus la vérité, que d'établir ainsi des générations, des cascades de racines qui ne sont qu'un degré d'éloignement de plus de la nature? Dans un siècle créateur de mots, comme celui où nous vivons, que n'eût-on pas gagné à suivre ce principe? L'expression de tant d'idées fausses, soit politiques, soit sociales, eût seule démontré leur absurdité, en recherchant leur source algébrique et métaphysique, la plupart même n'eussent pas existé, parce qu'il eût fallu remonter à la nature et l'humanité qui ne les avouaient pas.

Il faut convenir en même-temps que beaucoup de mots seront tellement compliqués dans leur composition, soit physique, soit métaphysique, qu'on éprouvera la plus grande difficulté pour en réunir les élémens d'une manière à-la-fois algébrique et imitative; mais dût-il manquer quelques-uns de ces élémens ou lettres, dût-on en sacrifier même pour rejeter ceux qui ne seraient pas mélodieux, on conviendra que l'expression résultante conservera toujours de très-grands rapports avec ses racines, et que même sans invoquer l'usage qui la consacrera, tout esprit juste ne pourra s'éloigner beaucoup de la définition de la quantité exprimée d'après la connaissance de ses élémens et de sa formation mathématique (1).

―――――――

(1) Observons combien une langue algébrique auroit d'avantages pour les mots comme

Une observation essentielle encore, c'est que nombre de termes seront incalculables, si je puis m'exprimer ainsi, en ce que leurs élémens ou lettres seraient trop abstraits ou trop incohérens pour être réunis et composer la quantité que nous appelons *mot*. On sera forcé alors, après les avoir composés le plus algébriquement possible, d'adopter des signes supplémentaires ou de convention, et le nombre de ces mots ne serait pas aussi grand qu'on le supposerait, si l'on veut se contenter d'une construction approximative, quand elle ne peut être rigoureuse, construction, dans tous les cas, infi-

---

pour les phrases. En rappelant notre première équation, $\left(\begin{array}{c} \textit{la vertu est aimable},\\ (a)^m = p^n \end{array} \right)$ a étant la quantité vertu au dégré m, et p la chose aimable au degré n. Qu'on rende à-présent ces quantités négatives, il suffira d'écrire $-a^m = -p^n$, pour dire le *vice est odieux*, puisque ce sont les contraires ou les quantités rendues négatives. La moitié des phrases est dans ce cas d'abréviations.

niment préférable aux termes usités, puisque ceux que je propose ne sont que des énigmes ordinairement très-faciles, tandis que les mots en usage ne sont qu'un accent vague sans rapports et sans indication.

Poursuivons la construction algébrique.

Prenons au hasard des mots physiques et métaphysiques. Le mot *chaise*, par exemple, comment le distinguer du mot *lit* dans sa formation? l'un et l'autre sont destinés à l'homme et au repos. Ainsi la première lettre serait donc *homme*, la seconde *repos*, lettre simple, la troisième la quantité $\frac{1}{2}$, parce que l'homme ne repose là qu'à demi, et la quatrième lettre, le type de la matière, pour distinguer le tout du repos moral.

Pour le mot *lit*, on aurait *homme*, *repos* point de $\frac{1}{2}$, l'unité entière et le type de la matière.

Pour le mot *tombeau*, on aurait *homme*, *repos*, *éternité* et *la matière*, lettres simples, tous caractères existans dans notre alphabet.

En général qu'on prenne toujours pour premier signe l'agent, pour deuxième le moyen, pour troisième l'action, pour quatrième le but, ainsi de suite, cette marche amènera algébriquement le mot demandé.

S'agit-il de verbes ? même procédé. Ainsi, *planter*, *bâtir*, *aimer*, par exemple :

Planter : on aura *homme*, premier signe ; *terre*, deuxième signe ; *naître*, troisième signe ; *végétal*, quatrième signe ; tous signes simples.

Bâtir : on aura *homme*, premier signe ; *pierre*, deuxième signe ; *élever*, troisième signe ; *abri*, quatrième signe.

Aimer : on aura *homme*, sens (*les cinq signes*), *bonheur*.

Ces citations peuvent donner une idée de la facilité qu'on aurait à composer les mots.

Quant à la foule d'expressions intermédiaires, dont la construction ne peut être aussi simple que celle des quantités ou mots que nous venons de construire, on les formerait mathématiquement encore, par leurs rapports avec ceux formés rigoureusement. Tout est proportion dans la nature, comme dans les quantités ; et lorsqu'on ne peut parvenir à construire un mot exactement, on pourra l'avoir d'une manière approximative, par des règles de proportion ; on établirait ainsi une série de mots logarithmiques, qui seraient plus longs à la vérité, mais rappelleraient parfaitement leur origine.

Par exemple, *dessein*, *projet*, comment l'écrire algébriquement sans une proportion ? En vain je mettrais *homme*, *désir*, *bien* ou *mal*. Le mot *désir* a besoin d'être exprimé lui-même ; cherchons toujours à mettre les objets en comparaison avec d'autres qui soient connus, et nous en aurons la valeur algébrique. Ainsi, on dira le *désir* est au *but*, comme le mouvement est au *repos*. La comparaison est exacte, car l'imagination agit jusqu'au succès.

succès. L'expression du mot *désir* se tirera de cette proportion, en multipliant algébriquement *le but* et le mouvement, qui sont deux lettres simples; c'est-à-dire en joignant ces deux lettres, ainsi que cela se pratique en algèbre, et divisant par le *repos*, signe simple également. On aura ainsi le mot *désir* composé de trois lettres qui servira à former le mot *dessein*, qui en aura cinq.

Pour le mot *coquette*, je prendrais, pour élémens algébriques, *femme, amour, variété*.

Les deux premiers mots se trouvent facilement.

Reste à trouver l'expression *variété*. On obtiendra sa valeur algébrique par cette proportion : la variété ou le changement est à *l'indifférence* ou *zéro*, comme les sept couleurs à leur absence, ou le noir ou encore comme le mouvement est au repos : or, ces trois derniers membres de la proportion sont des signes simples; on aura donc un mot fort simple pour *variété*, mot qui, comme on sait, entre essentiellement dans la composition de la coquette.

Pour les verbes, même procédé : prenons au hasard *solliciter*.

Je fais cette proportion : Solliciter est à *obtenir* ou au but, comme l'*espérance* est à la *réalité* : or, l'*espérance* elle-même est à la *réalité*, comme l'*infiniment petit lumineux*, à la lumière ou feu, quantités simples ; on pourrait donc adopter cette seconde proportion ; et, en multipliant algébriquement *but* par l'infiniment petit lumineux (1), c'est-à-dire en unissant simplement leurs lettres comme on multiplie en algèbre, et en divisant par le signe du feu, on aura le mot *solliciter*.

On pourrait étendre beaucoup plus loin les exemples, et démontrer ainsi la formation de toutes les expressions combinées ; mais c'en est assez, ce me

---

(1) Le produit serait un infiniment petit ; mais il ne s'agit ici que de la peinture des mots, et non de la valeur définitive des quantités. On laisse donc subsister tous les élémens à l'œil, quel que soit le résultat.

semble, pour faire connaître la possibilité d'une langue algébrique et générique, dont tous les mots auraient une composition motivée, idiome général, mathématique et immuable, comme sa base la vérité, et par conséquent le plus propre à peindre poétiquement l'invention, les images et les faits de l'homme.

Nous croyons avoir indiqué plus haut, et brièvement, la composition algébrique des phrases, ayant à présent un aperçu sur celle des mots par ce dernier procédé, il est évident qu'on aurait l'idée d'une langue, soit dans le discours, soit dans ses élémens, la plus laconique et la plus régulière imaginable ; enfin, sans prétendre la mettre en pratique, sans insister sur ce qu'elle serait plus facile à apprendre qu'aucune langue vivante, observons seulement qu'elle peut, dès ce moment, servir de type et de système d'appréciation aux esprits justes et observateurs, comme elle sert en effet d'inspiration aux génies supérieurs et aux poëtes du premier ordre, sans qu'ils en expliquent les motifs mathématiques.

En nous résumant donc sur les trois caractères de la poésie française,

Je crois pouvoir conclure 1.º que puisque tout vers ou toute phrase en vers (1) est une équation ; que toute équation est d'une longueur indéterminée, on ne peut être précis qu'en vers libres ou inégaux.

2.º Que, puisque la construction des mots et des phrases doit être le plus algébrique possible, la binomie des pieds et l'hémistiche sont absurdes.

3.º Que la rime n'est nécessaire que lorsqu'elle est imitative, et qu'elle peut être suppléée, avec plus de grâce et de vérité par les longues et les brèves.

4.º Qu'il est possible de créer un idiome algébrique, dont la précision des mots définis à l'esprit par leur composition même et dont l'imitation, la

---

(1) On en peut dire autant de toute phrase ; mais il ne s'agit, pour le moment, que de la poésie.

douceur ou l'énergie serait plus propre à la poésie.

5.º Enfin, qu'il existe, à la vérité, aujourd'hui, une langue souvent supérieure à la prose, et que les génies du premier ordre ramènent par fois, à force de travail et malgré elle-même, à la précision algébrique et à la mélodie imitative, mais qui ne saurait prendre le titre auguste de langue des Dieux, tant que ses règles seront aussi contraires à la justesse, à l'imitation, et que ses élémens seront des accens sans rapport avec les objets à exprimer (1).

---

(1) Uniquement pour répondre aux censeurs de cette analyse de la poésie, qu'il soit permis à l'auteur, comme anonyme, de dire que ses ouvrages littéraires et dramatiques ont été accueillis avec assez d'indulgence, pour qu'on ne lui suppose pas d'autres motifs que l'amour de la vérité.

DE LA MUSIQUE.

La musique est le nectar de l'ame ; les êtres privilégiés qui le versent aux humains, font naître à leur gré toutes les passions, tous les tableaux dans l'esprit.

La Romance, première composition de l'homme, après les hymnes à la divinité, est l'élégie de l'oreille, et doit être l'expression du sentiment.

La Symphonie est une suite de peintures et le triomphe de l'harmonie.

Le Concerto est une suite de difficultés instrumentales, souvent sans interprétation possible, mais susceptible parfois de peinture et de langage dans les concerto bien faits.

La Musique dramatique, qui comprend toutes les parties isolées ou simultanées de l'art, réunit la grâce et la force du langage au coloris et à la vigueur des images.

Toutes ces productions naissent de la combinaison adroite de la mélodie sentimentale ou descriptive avec l'harmonie qui en est le coloris, tellement que le chant, qui est le langage pur de l'ame ou de l'intelligence, sorte, soit d'une des parties concertantes, soit de l'ensemble.

C'est ce chant, ou la mélodie, qu'on a regardé jusqu'ici comme le résultat du pur instinct du génie et comme incalculable, dont nous allons nous occuper d'abord. Nous tâcherons de considérer ensuite l'harmonie et l'exécution.

Je nomme *chant* une série de sons propres à frapper l'oreille et à peindre une sensation ou une image à l'esprit ; j'ose dire plus : « tout chant agréable ou
» pénétrant qui n'est pas destiné à pein-
» dre l'exclamation d'un être vivant ou
» quelqu'intonnation imitative du lan-
» gage sentimental, renferme une figure
» quelconque plus ou moins sensible,
» mais dont l'imagination ne se rend

» pas toujours compte, soit à cause
» de la rapidité de l'exécution, soit à
» cause de la complication de l'objet;
» en un mot, on peut avancer que
» tout chant vrai, attachant, est le
» véritable accent de la nature, ou
» la véritable peinture d'un de ses
» tableaux ».

Je prouverai que cette peinture n'existe pas seulement pour l'imagination, mais qu'elle est en partie vraie au simple trait pour l'œil, parce que le cerveau, siége de la pensée, me paraît affecté de la même manière par les sons que par les rayons visuels, pour juger des objets.

Je dois insister enfin sur cette assertion, attendu qu'elle est la base d'un système mathématique de chant pour les images, système par lequel on établit ses limites, on en assure la vérité, on en apprécie les écarts, et par lequel on le soumettra ensuite au calcul en un grand nombre de cas.

J'observe avant tout, qu'il ne s'agit point ici d'arrêter le génie dans son vol sublime ou de modifier ses inspirations qui sont toujours la vérité même, quand l'enthousiasme qu'elles inspirent est universel; mais j'aspire seulement à offrir des moyens de vérification dans les chants imitatifs, à confirmer quelques chefs-d'œuvre attaqués par l'envie, ou à démontrer parfois des erreurs applaudies par le faux goût et l'esprit de parti.

J'ai dit : *que tout chant devait être, pour l'imagination, la peinture plus ou moins claire d'une sensation ou d'une image*. Il suffit, pour cela, de se transporter en esprit, non aux opéras de Gluck, de Sachini, etc., où l'action presque continuelle des personnages force à s'occuper de leur situation, et à voir, dans les moindres chants, une suite des impressions précédentes, ou une situation intermédiaire présumée, mais dans les morceaux reconnus ou supposés généralement insignifians, tels que les symphonies; il n'existe aucun plan poétique dans ces compositions, et ce sont des motifs liés simplement pour le charme de l'oreille ; mais je demande si bientôt, dans une belle symphonie d'Hayden, dont les chants sont descriptifs par cela même qu'ils sont beaux, ce prétendu bruit ne se développe pas, ne prend pas graduellement un caractère, une figure, des passions pour une imagination ardente ? images détachées, incohérentes à la vérité, mais néanmoins isolément faciles à désigner. Ici, c'est une plainte aiguë, une amante infortunée ; là, des héros combattans, le cliquetis des armes, le chant du vainqueur, le désespoir du vaincu, le triomphe, la douleur, la gloire et la honte ; bientôt toutes ces impressions assiégent tour-à-tour l'auditeur enflammé ; il croit voir, entendre ces effets, et l'espèce d'extase où il se trouve, est le travail de son imagination qui passe en revue toutes ces peintures, lesquelles se dessinent sur le tableau de son esprit, précisément avec les mêmes traits que dessine, sur le papier, la série des notes de l'auteur peintre.

Cette dernière assertion est puisée dans la nature et dans l'expérience.

Dans la nature, en ce que ses moyens sont toujours simples et que le cerveau, juge suprême des impressions, doit être, et est en effet, affecté de la même manière par les deux sens traducteurs des images, la vue et l'ouie. Suivons ses opérations dans les cas les plus simples. Quelle est l'opération du cerveau pour juger la ligne droite A B (fig. 1), par la vue ? Le rayon visuel affecte le nerf optique d'un œil passant parallèlement, à cette ligne, sous un angle constamment le même, d'où résulte une impression constante pour ce nerf; delà pour le cerveau, qui, ne sentant point de déviation, juge nécessairement la ligne droite. Quelle est l'opération du cerveau pour juger un son soutenu ou une suite de notes sur le même ton ? Le tympan, ou la harpe auriculaire, est frappée constamment par le même degré d'élasticité du fluide, agent du son (1);

---

(1) Qui n'est point l'air dans toutes ses par-

et le cerveau, n'admettant que ce son, le place idéalement sur la même ligne que le précédent ou en ligne droite, et c'est ainsi qu'on a noté en effet.

S'agit-il d'une ligne courbe ou brisée? Le nerf optique, affecté sous des angles différens par le rayon visuel, transmet au cerveau des impressions différentes, mais graduées en raison de la courbure, et que celui-ci juge, par la relation de ces impressions entr'elles. Pour une ligne brisée A C B (fig. 2) par exemple, composée de deux lignes droites réunies par une extrémité ; les angles formés par le rayon visuel et ses impressions par suite, croissent jusqu'au sommet C de l'angle, en supposant l'œil au point D; ces angles et leurs impressions vont ensuite en décroissant dans le même ordre, d'où le cerveau juge qu'il y a similitude dans les deux lignes, et un point commun composant un angle formé par elles.

---

ties, comme on le prouvera dans la deuxième partie de ce traité.

Réciproquement et en poursuivant notre comparaison, quelle est l'opération du cerveau pour juger les courbes musicales les plus simples, par exemple, la gamme, qui forme un simple angle comme celui que nous venons d'observer? Il suit précisément la même marche que lorsque la vue opère ; le tympan est affecté sous des rapports croissans en aigu, comme le font pour l'œil les angles visuels aigus; puis, par des sons obtus ou graves, en descendant, comme l'œil, par des angles obtus. Il y a de plus un point commun ou une note commune ; le cerveau, alors juge qu'il y a une ligne droite ascendante, un point commun, puis une ligne descendante, c'est-à-dire un véritable angle musical, et c'est ainsi, en effet, que se dessine la gamme A C B (fig. 3), par une succession de sept points ascendans et descendans.

Ce que nous venons d'exposer pour un angle a lieu également pour deux ou trois A C B, A C B (figures 4 et 5); ce qui forme alors la courbe plus ou moins variée de la musique ; le cerveau est affecté par les deux sens précisément dans le même ordre et en suivant la même marche et les mêmes proportions ; c'est-à-dire que l'ouie juge les lignes ascendantes et descendantes, qui composent les figures par les sons aigus et graves, précisément comme la vue juge ces mêmes lignes par les angles aigus et obtus du rayon visuel ; en marchant donc du simple au composé, on voit que le cerveau peut se dessiner toutes les figures possibles par l'impression graduée des sons, comme la vue les juge par l'impression graduée des angles, et que ce qui n'est qu'instinct pourrait devenir habitude calculée, si l'on s'accoutumait, dès l'enfance, à se créer des figures idéalement par la progression des sons : or, cette création idéale ne serait autre chose que la véritable musique bien entendue et régularisée.

Les aveugles accidentels prouvent, par expérience, la vérité de cette assertion : ils se font bientôt une échelle auriculaire d'une délicatesse extrême, et personne plus qu'eux, dans la musique vraie, c'est-à-dire imitative, ne saisit plus rapidement les figures des objets que peint l'auteur, parce que l'ouie devient alors la véritable vue de ces infortunés, tandis que la nôtre, plus rapide, fait négliger l'ouie, qui devient alors moins fidèle traducteur des figures et des images qu'elle peindrait parfaitement sans le secours du premier organe.

De ce principe « que les sons aigus » et graves peuvent avec l'habitude » peindre à l'imagination des figures » avec autant de facilité que les an- » gles aigus ou obtus le font au sens » de la vue »; de cette identité enfin découle rapidement cet autre principe que, 1.º, pour tout ce qui est image, les notes et les points de réflexion des angles visuels peuvent se confondre sur le papier, puisqu'ils réfléchissent la même impression au cerveau; 2.º que les notes dessinent en effet le simple trait des figures que se peint l'imagination, quand le chant est vrai et imitatif, puisque les sons appellent alors à l'esprit la même courbe que les points offrent à l'œil dans un dessin.

De-là, je conclus que si l'on poussait à l'infini la division des tons, une image au simple trait, serait aussi bien rendue à l'imagination par le dessin noté que par le dessein crayonné.

On peut ajouter que si notre musique n'offre pas assez de tons pour tracer rigoureusement la figure des corps à l'esprit, elle offre cependant assez de notes ou points pour servir de repaire et de tracé approximatif, dont l'harmonie trace ensuite les ombres, et pour faire reconnaître l'intention, qui serait la figure exacte, si les tons de notre gamme étaient aussi multipliés que le sont les points de la peinture.

D'après ces principes, j'ose avancer « que, pour toute image en musique » image parfaitement rendue, le trait » visuel concorde avec le trait du
» chant

» chant, et que la forme de l'objet doit
» se trouver sur le papier, dans la série
» même des notes, en l'y cherchant
» avec art.

» 2.° Que tout chant imitatif peut
» être rigoureusement calculé ou des-
» siné, sauf au goût à festonner ensuite
» la courbe, sans s'éloigner du type; en
» un mot, *qu'on peut chanter et qu'on*
» *chante en effet les courbes des corps*
» *comme on les dessine* ».

Je dois faire observer néanmoins que ce système n'est exactement applicable qu'aux images mobiles ; en voici la raison. — Quoique la vue et l'ouïe s'accordent pour faire juger des objets par l'aigu et le grave en musique, comme par l'aigu et l'obtus en peinture, on doit remarquer que, par la grande rapidité de la lumière, l'œil saisit à-la-fois tous les angles qui lui peignent une figure, tandis que l'ouïe ne saisit que successivement les tons d'un chant imitatif; d'où il arrive que les points du dessin musical, passant successivement sous cet organe, le cerveau doit attribuer au corps qu'il se peint, le mouvement de succession des tons par lesquels il le juge, et conséquemment le croire en mouvement lui-même, suivant la forme dessinée par la note.

Delà vient que les images immobiles, quoique pouvant être, rigoureusement parlant, dessinées à l'ouïe par la note, n'appellent pas l'image au cerveau assez rapidement pour être jugées et bien rendues, parce que la succession des tons est trop étendue, et ne permet pas à l'esprit de lier les angles auriculaires, comme l'œil lie les angles visuels, c'est-à-dire d'un seul trait : ainsi, pour la nature morte, une *maison*, un *rocher*, par exemple; la description que s'en fera l'oreille, sera longue, confuse, et la succession des tons appellerait l'idée d'un mouvement qui, n'existant pas pour eux, ne saurait les rendre exactement à l'esprit; mais les *sinuosités d'un fleuve, la chute d'un torrent, celle plus rapide de la foudre,* se peignent parfaitement, parce que le mouvement de la note s'accorde avec celui du corps, en même-temps que le dessin et que la succession des tons sont motivés par une succession de mouvement.

Ces explications nous amènent aux exemples promis.

Nous répéterons avant, qu'il ne s'agit ici que des images mobiles ne rendant aucun son ; car autrement le chant doit être l'expression de l'organe ou du bruit causé par l'objet qu'on peint, ou cette imitation doit se retrouver, autant que possible, dans l'harmonie, pour aider à déterminer l'objet dont le chant trace alors la figure.

Ainsi, en nous occupant d'abord uniquement des figures, prenons des images simples et formées de courbes rapprochées des simples angles que nous avons considérés dans la gamme, car chacun sait que toute courbe est composée d'une suite de petits angles.

Observons *les ondulations des vagues*, par exemple, qui ne rendent presque aucun son d'une imitation possible : qu'on ouvre la première partition bien faite où l'on peigne une tempête ou le sillage d'un vaisseau ; qu'on joigne par un trait toutes les notes des mesures appliquées à peindre l'ondulation des vagues, les courbes qui en résulteront, seront le simple trait exact de ces ondulations pour l'œil; qu'on y ajoute les ombres, comme l'harmonie y ajoute les siennes, la peinture sera encore plus frappante.

On se convaincra de la vérité de cette remarque dans l'ouverture d'*Iphigénie en Tauride* (fig. 6). Il est difficile à un peintre de jeter en profil, sur la toile, le trait crayonné du roulement ascendant et descendant des vagues, avec plus de vérité que le musicien peintre n'a jeté ses notes qui, liées entre elles, tracent admirablement le désordre de l'empire de Neptune.

Même vérité de dessin dans l'orage de la *Rosière*, de Grétry, dont les chefs-d'œuvre sont toujours imitatifs, mais principalement dans le bel air de la tempête du *Tableau parlant* (fig. 7 et 8.), lequel trace successivement le léger balancement des vagues, pendant le calme, et leurs oscillations épouvantables dans la tempête. Le trait du dessin des notes est d'une vérité étonnante. Même observation encore sur la partition de la tempête dans *il re Théodoro ;* et en général, j'ai choisi cet exemple simple de la courbe des vagues, parce qu'il existe dans une quantité innombrable de partitions, et que cette imitation est si facile, qu'elle n'échappe pas même à la médiocrité. Le véritable art consiste ensuite à combiner à ce dessin pour l'œil, ce qui frappe l'oreille dans la nature en pareil cas, le sifflement des vents qui rappelle la cause, le cri des matelots, le brisement des mâts, le choc contre les rochers qui expriment les effets; alors l'œil trouvant l'image dans le chant, et l'ouïe les résultats dans l'harmonie, le tableau est parfait.

Passons à d'autres exemples des courbes de chant plus compliquées, mais toujours d'une vérité frappante; je les puise dans la belle partition *du Délire*, à cette phrase du récitatif : *L'ame de Clarice en sort et monte aux cieux.* Le musicien auteur de ce savant ouvrage, peint à l'imagination l'ascension de l'ame par le développement des notes qui, liées par un trait, et mises à part, imitent merveilleusement pour l'œil le déroulement des nuages qui s'élèvent graduellement jusqu'à la région céleste, où une note soutenue, claire, unique semble peindre le plan le plus élevé de l'Olympe, et jusqu'à l'azur ravissant dont notre esprit le colore.

On ne peut s'empêcher de citer, à ce sujet, l'admirable peinture musicale du cours du fleuve dans l'Armide de Gluck; quelle mollesse voluptueuse! comme l'œil juge les sinuosités, et voit dans les notes même les contours fleuris et enchantés de ces eaux fugitives! Puis, par un effet contraire, comme le peintre allemand indique le bouleversement du palais! (fig. 18, pl. II.) Est-il de dessin plus vrai, plus effrayant que celui qu'offre la partition en cet endroit? L'œil voit se briser l'entablement, s'élever et s'affaisser les colonnes, comme par un tremblement de terre, puis les voit s'écrouler successivement avec un fracas épouvantable (1); et ce dessin était tellement frappant, que Gluck a jugé devoir conserver, en grande partie, celui de l'Armide de Lully, dont je donne ici la copie. Ce respect de Gluck pour ce chef-d'œuvre de musique descriptive, me semble prouver de plus en plus qu'en mélodie cette partie seule est invariable et géométrique.

Pareil exemple se trouve dans l'admirable Oratorio d'Haydn, *la Création*. Je ne parle pas des imitations simples, des accens naturels, comme de la voix humaine, du cri, des pas des animaux naissans, chants simples, faciles, purement imitatifs, et admirablement rendus par le choix des instrumens; mais je parle des images ou courbes susceptibles de peinture par l'analogie des impressions de l'ouïe et de la vue.

---

(1) On voit, dans toutes ces figures, qu'il suffit presque de lier les notes au crayon pour esquisser l'architecture et les images désignées.

Je cite la création, le vol des oiseaux, l'oscillation tranquille des vagues d'une mer naissante, le mouvement tortueux du premier serpent (fig. 9); images déjà observées ci-dessus, et dessinées par la note. J'admire principalement la création de la lumière et le débrouillement du chaos, courbes des nuages plus compliquées et parfaitement tracées par la musique.

Qu'on ouvre ce chef-d'œuvre des partitions, il servira presque à chaque ligne de preuve au système que je produis.

D'abord, le chaos se peint par la confusion des notes qui, liées en tout sens, tracent des courbes, images fidèles de l'entrelacement des nuages et des élémens des corps; bientôt ces notes se déroulent en courbes plus arrondies, et s'élèvent en nuages toujours plus vaporeux, plus diaphanes, plus rapprochés de la clarté jusqu'à ce que, s'éloignant enfin subitement, arrive une explosion brillante et sublime, parfaite image de la lumière qui n'existe que par l'opposition avec les ténèbres, comme ici l'effet musical n'est vrai que par l'opposition avec le trouble qui précède.

On sent que ce dessin, quelque vrai qu'il soit, par la position relative des notes entre elles, a besoin pour rendre entièrement l'objet à l'ouïe, de l'intensité des sons, comme l'œil a besoin de la force des teintes; aussi, dans ce dernier exemple cité, à mesure que les nuages s'éclaircissent et s'élèvent dans le diapason, comme dans l'atmosphère, l'intensité des sons diminue, par un *piano*, comme les couleurs des nuages, jusqu'au moment où la clarté éblouissante de la lumière est exprimée par l'éclat d'un son aigu et brillant qui remplit tout l'organe de l'ouïe, comme la lumière remplit entièrement celui de la vue.

Même exemple du lever du soleil dans la belle ouverture *du Droit du Seigneur* (fig. 17).

Je ne finirais pas, si je voulais rappeler les exemples innombrables, puisés dans les bonnes partitions sur la concordance parfaite des courbes des notes sur le papier, avec celles des images qu'elles expriment à la pensée; nos grands musiciens en trouveront de fréquentes applications dans leurs propres ouvrages. Ils seront étonnés peut-être de n'avoir pas observé plutôt cette analogie qu'ils ont pressentie, en l'embellissant d'une harmonie délicieuse, analogue à l'image et véritable ombre du dessin que je leur fais remarquer dans leurs tableaux.

Il résulte de ces raisonnemens et des exemples à l'appui, que « tout ce qui » est chant imitatif d'une exclamation » naturelle d'un être vivant ou d'un » corps animé, est exprimable au moins » par approximation, en le copiant » fidèlement à l'oreille; qu'il en est » de même de toutes les intonnations » du langage sentimental; mais que » tout chant imitatif d'une image est » exprimable rigoureusement en tra- » çant la courbe avec les notes, l'ouïe » et la vue porteront le même résultat » à l'esprit. »

D'après ce principe, tout chant descriptif pouvant être exprimé par un dessin, tout dessin par une courbe, et toute courbe étant calculable, j'arrive au principe énoncé, « *que tout chant descriptif peut être mathématiquement calculé et géométriquement tracé, quand il s'agit d'une image.* » J'ose dire plus, en rappelant ce que nous avons exposé sur le langage poétique, que *toute vérité est une équation*, et remarquant que toute équation représente une courbe, il s'ensuit qu'en mettant d'abord en équation la phrase à énoncer, et construisant la courbe qu'elle représente, cette dernière serait le chant descriptif de la vérité à énoncer, c'est-à-dire, le thème tracé au génie musical, et dont il choisirait les points ou notes convenables à l'harmonie, sans toutefois pouvoir s'écarter de la courbe que forme l'ensemble s'il veut être vrai.

On conçoit la prodigieuse difficulté de telles équations, mais on verra plus bas par des exemples, qu'en s'en tenant même à des approximations ou à des limites, on aura des données suffisantes pour guider le chant et avoir quelques points de sa courbe.

Remarquons au reste, que la manière

même de noter la musique est basée, sinon sur le calcul des courbes, au moins sur un pressentiment de la nécessité de la rigueur mathématique du tracé du chant. On sait que toute courbe se construit par des abscisses et ordonnées qui déterminent la distance de chaque point à des axes donnés ; or, que fait-on pour écrire un chant en musique ? La distance de chaque note à la première ligne, indique son ton en aigu ou en grave, ainsi le nombre des lignes peut indiquer le nombre d'unités de l'ordonnée, en prenant la première ligne pour axes des ordonnées, comme ici, par exemple, la note *si*, premier point de la courbe M N P Q du chant imitatif, à construire de l'ascension d'un angle, par exemple (fig. 10.) :

Je suppose que le calcul annonce qu'elle doit être placée à quatre notes de distance de l'axe *a b*, elle aura une situation déterminée sur la troisième ligne, en prenant quatre parties sur l'axe A C (fig. 11), et plaçant la note sur cette ligne ; mais c'est ici que notre procédé, fondé sur le calcul des courbes, est essentiellement distinct et remarquable, en ce que nos abscisses donnent la véritable valeur des notes.

En effet, reste à trouver, sur cette troisième ligne, la position de *si*, relativement à l'axe A C, ou à la mesure précédente; si c'est, par exemple, trois unités du temps ou de la mesure, qui est l'échelle des abscisses A P, que nous donne le calcul de la courbe ; alors la note *si*, dans la mesure à quatre temps, sera à la troisième division de l'axe A B; elle aura pour abscisse A P, dont les trois parties peuvent être consommées, soit en notes, soit en soupirs; mais qui n'en portent pas moins la note à sa véritable place, puisqu'elle doit se trouver à l'intersection des lignes tirées à la troisième division de l'axe A B et à la quatrième division de l'axe A C.

La note *si* étant donc placée ainsi non-seulement verticalement, c'est-à-dire, sur sa ligne; mais encore horisontalement ce qui constitue sa valeur en blanches, en noires, ou en croches, ou en soupirs; observation essentielle, et que l'instinct seul établissait jusqu'à présent; voyons à placer la note suivante qui est le point suivant *n* de la courbe descriptive *m n p q*, à construire; et supposons que le calcul nous donne pour l'abscisse A p, par exemple, le nombre 5, ou une fraction quelconque, je prends cinq parties sur l'axe A B, ou la première ligne (fig. 12.).

Cela posé, la note doit se trouver sur la ligne X Y, et avoir une valeur déterminée par sa distance de l'axe A C, en prenant une partie d'axe constante pour chaque mesure, de manière que la distance de la note de la barre de mesure, soit toujours l'échelle précise de sa valeur; l'ordonnée *p n*, traduite ensuite du calcul algébrique en valeur numérique, est représentée, je suppose, par le nombre $6 + \frac{1}{2}$ en prenant 6 parties $\frac{1}{2}$ sur l'axe A C, on aura la position définitive de la note correspondante au point *n* de la courbe, c'est-à-dire un *mi bemol*, et sa valeur, puisqu'elle a pour abscisse cinq parties de la mesure, sera un cinquième de la mesure à quatre temps.

D'après cet exposé, pour construire les courbes musicales, on voit que l'axe des abscisses est celui de la mesure.

On remarquera en même temps combien il est essentiel que chaque note soit placée à sa distance précise horizontale, puisque c'est delà que dépendra sa valeur, et que dès-lors il existera des lignes idéales verticales pour écrire la musique et placer la note, comme il en existe d'horizontales pour donner le ton. Cette méthode de juger la partie aliquote dont elle est, de l'abscisse ou de la mesure, serait aussi rapide que celle par laquelle on juge quelle est sa hauteur dans le diapason; il suffirait pour cela d'un petit trait vertical qui traverserait la note par parties, comme il suffit d'un petit trait horizontal par ligne pour lui donner son accent.

On objectera en vain que c'est à-peu-près ainsi que s'écrivent les croches, doubles croches, etc. Oui, pour établir leur valeur, mais leur place n'est pas pour cela fixée, comme elle l'est par notre méthode, et cette place est immuable, puisque *cette note est un point d'un dessin déterminé, et que dès-lors, il n'est pas indifférent qu'elle soit rapprochée ou éloignée de la barre de mesure, ou des autres notes points d'une figure donnée.*

Ainsi, par exemple, en continuant notre trait de la courbe *m n p q*, supposons que le point *p*, donné par le calcul, soit un *ut* hors la ligne (fig. 13.).

On le désigne par un trait horizontal qui équivaut à une sixième ligne ou douze parties sur l'axe des ordonnées. S'il en a quatre sur l'axe des abscisses ou de la mesure, on pourrait jeter un petit trait verticalement ou autant de traits verticaux, ou un seul avec un chiffre indicatif 4 du nombre des parties; ce qui donne la fraction de la mesure, c'est-à-dire, de l'axe des abscisses dont est la note ou sa valeur.

En un mot, quelque mode qu'on adopte pour indiquer la fraction de la note, sa position horizontale est invariable; c'est en quoi ce système diffère essentiellement de tout autre, parce qu'il rappelle que cette note est un point
d'un

d'un dessin, et qu'il ne peut pas plus varier en un sens qu'en un autre, si le chant est vrai, c'est-à-dire, calqué sur une courbe calculée.

Il en serait de même en poussant à l'infini la construction, par points ou notes, des courbes musicales. On s'accoutumerait ainsi à saisir l'analogie parfaite des figures vues et entendues; car les figures vues, pour être régulières, se composent des proportions exactes des traits horizontaux et verticaux; or, je le répète, puisque la musique ne considérait que la position verticale des notes, sans s'occuper de la position horizontale, elle n'avait donc que la moitié des données nécessaires pour dessiner les traits des corps, bases des chants imitatifs, et négligeait les traits horizontaux que nous démontrons indispensables, pour ne pas déroger au dessin qu'exprime un chant, et réciproquement au chant qui rappelle un dessin.

Nul doute en concluant donc, d'après tant de motifs, qu'on ne puisse, pour ainsi dire, *chanter la courbe des images comme on la dessine*, puisque la note concorde avec le rayon visuel dans tout ce qui est vrai; nul doute encore que, puisqu'a la rigueur une ligne d'esquisse peut être mise en équation pour fournir une courbe (1), et que cette courbe peut être tracée exactement, le chant ne puisse être également calculé et tracé rigoureusement, sinon pour être le calque du génie de l'auteur, au moins pour lui servir de vérification. Il faut convenir qu'on serait jeté souvent dans des tracés et claculs d'une difficulté prodigieuse; mais, comme nous l'avons observé, un certain nombre de points suffirait pour rappeler la courbe, comme une simple esquisse suffit au peintre pour exprimer son image qu'il colore ensuite.

Essayons d'aller plus loin à présent, et toujours d'après le principe, que toute équation exprime une courbe; ne pourrait-on pas avancer que les *sentimens*,

---

(1) Bien entendu lorsque ces courbes d'esquisse se formeront d'après une loi.

les pensées même qui renferment une vérité bien distincte, et par conséquent une équation, ont également leur type en musique, et sont exprimables par des courbes propres à fixer les sons qui les rappellent à l'esprit et delà au cœur, ou du moins qu'on peut trouver quelques points de ces courbes?

Ceci n'est qu'un corollaire des démonstrations ci-dessus, que toute équation exprime une courbe, et cette courbe un chant vrai; mais il importe de confirmer cette dernière assertion par des exemples. Nous les prendrons dans les cas extrêmes, par-là les intermédiaires qui n'en sont que des composés se trouvent démontrés.

Cherchons pour cela dans les chants estimés les phrases musicales qui renfermeraient des ordonnées à l'infini positif et l'infini négatif, cas extrêmes; et nous verrons toujours que le musicien a, par son génie seul, placé la note juste, et senti qu'elle était son ordonnée, ascendante ou descendante.

Dans la partition d'*OEdipe à Co-*

lonne, chef-d'œuvre de Sacchini, par exemple, choisissons la phrase où OEdipe s'écrie : *Puisse des Dieux la justice éternelle!* Que renferme cette phrase? une équation évidente et facile à construire. La justice des Dieux et sa durée égalent l'infini; or, quelle que soit la construction algébrique de la phrase subséquente ou équation, *à ma reconnaissance égaler ton bonheur*. On n'aura pas moins la justice éternelle $=$ ∞ l'infini, et en nommant Y, ce membre de la phrase, on voit que la dernière ordonnée Y de la courbe de l'équation $= \infty$, l'infini positif, c'est-à-dire, que la courbe doit être la plus ascendante possible; c'est ce que le musicien célèbre a exécuté parfaitement, en choisissant pour le mot *éternelle*, la note la plus haute du diapason, ou l'infini de la basse-taille en notant ainsi (fig. 15.).

Puisse des Dieux la puissance éternelle !

On voit que la note M, extrémité de l'ordonnée, est en effet la plus haute possible dans nos limites musicales, et le véritable infini des tons admis dans le diapason de la basse-taille.

Pour les courbes descendantes, cherchons des citations pareilles.

Dans le Déserteur de *Monsigny*, par exemple, la phrase *Chaque minute et chaque pas ne mènent-ils pas au trépas?* détermine une courbe descendante que le génie de l'auteur a parfaitement tracée. Et, en effet, la construction algébrique la donne. Dans cette phrase, se trouve l'équation chaque minute dy, en nommant y, le temps variable de la vie humaine, multipliée par p, un pas, quantité finie $= dt$, égale un infiniment petit du temps absolu ou de l'éternité, d'où l'on tire $\frac{dy}{y} = \frac{dt}{p}$ équation de la courbe logarithmique que le musicien a parfaitement tracée en notant ainsi (fig. 14.):

Chaque minute et chaque pas ne mènent-ils pas au trépas?

Ce petit nombre d'exemples doit suffire, je pense, à tout calculateur, pour juger les cas intermédiaires.

En un mot, cette matière sera beaucoup plus approfondie par des géomètres exercés, qui pourront compliquer le tracé des courbes de manière à les rendre encore plus rapprochées des formes que leur donne la vue, qui pourront déterminer même les courbes de goût, et les déviations ou festonnemens de la courbe mère rigoureusement calculée. Il suffit d'avoir essayé d'indiquer cette route, je suis loin d'avoir, en géométrie transcendante, les connaissances nécessaires pour la frayer plus loin.

DE L'HARMONIE,

ou

ACCOMPAGNEMENT.

Je nomme *harmonie*, ou *accompagnement*, les accords qui colorent le chant dont nous venons de parler.

Avant de nous occuper de la manière la plus convenable d'appliquer ce coloris, essayons d'approfondir ce que c'est que l'harmonie elle-même; recherchons ses causes, ses effets, et établissons, par le raisonnement et l'expérience, un système d'acoustique qui me paraît expliquer tous les phénomènes de l'ouïe et des accords qu'elle approuve.

Jusqu'ici les physiciens ont cherché vainement les causes véritables des sensations auriculaires du grave et de l'aigu; ils se sont agités plus vainement encore pour expliquer les causes du charme des accords consonnans. L'auteur de la Physique du monde, le baron de Marivetz, Rousseau, M. Estéve, tous ont produit des systèmes ingénieux, mais nullement satisfaisans. Tous, en se répétant, attribuent avec raison à l'élasticité d'un fluide, réagissant sur l'ouïe, l'effet des tons; mais ils me semblent s'égarer en disant que l'air en est l'agent, sans avoir observé que cet agent n'est qu'une de ses parties, et ne satisfont point sur-tout en voulant expliquer le phénomène des accords.

M. Estéve avance que chaque son porte avec lui ses harmoniques, et que les tierces, les quintes, en conservant un plus grand nombre, la consonnance est plus parfaite. On lui demandera alors pourquoi chaque son porte avec lui ses harmoniques, et on voit que ce raisonnement n'est au fond que dire : les accords sont des accords.

Rousseau, après avoir compulsé tous les systèmes, finit par la même conclusion, et avoue ingénument que tels accords plaisent ou déplaisent à l'ouïe, comme la rose ou le pavot plaît ou déplaît à l'odorat, c'est dire : une chose est, parce qu'elle existe, et ne point rendre raison physiquement des phénomènes.

En remontant à notre système de la concordance parfaite de la vue et de l'ouïe et en le développant davantage, nous allons trouver, ce me semble, l'explication de tous les problèmes auriculaires, et l'on peut avancer comme hypothèse très-vraisemblable (1):

1.° Que le calorique est l'agent de l'ouïe, comme la lumière est l'agent de la vue. Je m'explique : le son est produit par le calorique, en tant que ce dernier, développé des corps par la percussion, réagit sur le calorique de l'air qui le

---

(1) En vain quelques rigoristes se récrieront contre *une hypothèse* : leurs expériences mêmes sont des hypothèses, en ce que leurs élémens sont des composés, et que, sans le calorique, on ne peut expliquer l'existence des gaz, pas même l'ébullition de l'eau et son ascension en vapeurs.

transmet ainsi à l'oreille. Donc la présence de l'air est toujours nécessaire.

2.° On peut avancer encore par suite de ce système, que le ressort élastique du calorique, plus ou moins mis en action, produit les sensations du grave et de l'aigu dans l'ouïe, où les tons comme le ressort élastique de la lumière sur le nerf optique, produit les couleurs.

3.° Que l'analogie parfaite des deux agens, le calorique et la lumière, démontre de plus en plus que l'ouïe n'est, pour ainsi dire, qu'une vue moins parfaite.

Je vais appuyer cette doctrine du raisonnement et de l'expérience.

D'abord du raisonnement : les moyens de la nature sont simples, la simplicité est le caractère de la vérité ; la complication des moyens porte l'empreinte de la faiblesse ou de l'incertitude ; et les grands phénomènes de la nature, ceux de l'intelligence humaine, doivent avoir des causes uniques comme leur auteur.

Tout porte donc à admettre l'identité

de la base de la lumière et de celle du calorique, identité déjà reconnue par un grand nombre de physiciens (1), ou du moins l'extrême rapprochement de ces bases, et peut-être notre théorie le prouvera-t-elle davantage en même temps qu'elle en sera prouvée.

Pour second raisonnement à l'appui, on remarquera que ce système bénéficie de toutes les expériences acoustiques en faveur de l'air, et en explique de plus mille autres qui ne l'étaient pas ou qui l'étaient fort mal, telles que le bruit du tonnerre, celui d'un fouet, etc., lesquelles sont produites par la réaction du calorique de l'air sur les autres molécules de l'air même; en effet, et pour répondre d'avance aux partisans de l'ancienne acoustique, il est certain que dans le vide le son n'aurait point lieu. Il est certain aussi que la machine pneumatique ne

---

(1) Cette opinion est celle du célèbre Monge, de Fourcroy, qui admet en partie cette identité, et des savans les plus accrédités sur cette matière.

donne qu'un vide relatif; et cependant le son d'une clochette ne s'y fait point entendre, un animal y reste sans voix, une lumière s'y éteint, tout cela prouve l'inséparable action du calorique et de l'air pour le son, mais non l'exclusivité du dernier, seul admis jusqu'ici. Par exemple, c'est de leur combat, de leur choc, que naît la détonation de la foudre; par l'extrême vivacité de l'expansion, de la réunion du calorique, il y a percussion et répercussion de ce calorique par l'air et contre l'air; mais alors, comme la percussion n'a lieu que contre l'air, le degré d'élasticité est le moindre, et le bruit est le plus sourd et le ton le plus grave. Au contraire, lorsque la foudre fend les nues épaisses et condensées, la résistance et l'élasticité sont plus grandes, le bruit devient plus clair et assez semblable à celui d'un fouet, ce qui confirme victorieusement que le bruit et le son résultent de la réaction du calorique en général; et en ce dernier cas, de cette réaction sur les molécules d'air même, et que l'aigu ou le grave résulte des degrés d'élasticité developpés.

Ceci posé, passons à la comparaison des fluides, agens de la vue et du son, et, suivons dans cette hypothèse, les effets de ces deux agens sur les deux organes. La lumière, prodigieusement élastique, lancée en un instant infiniment petit du disque solaire ou d'un foyer quelconque à chaque point d'un objet, se réfléchit sur la rétine qui juge à-la-fois les formes par l'angle visuel, et la couleur par le degré d'élasticité de la lumière.

Semblablement le calorique fixé dans les corps et mis en mouvement par la percussion, réagit, se développe et fait vibrer de proche en proche le calorique de l'atmosphère, et jusqu'à la spirale auriculaire qui juge l'aigu ou le grave par les effets résultans du degré d'élasticité du calorique développé.

Suivons des rapports plus intimes; l'œil trouve dans la lumière réfractée par le prisme, les sept couleurs; l'oreille trouve dans un prisme auriculaire que nous désignerons plus bas les sept notes absolument correspondantes aux sept couleurs.

De sorte que les sept effets du ressort élastique de la lumière, correspondent parfaitement aux sept effets du ressort élastique du calorique.

L'œil trouve dans les sept couleurs du prisme de 3 en 3, de 5 en 5, de 7 en 7, des couleurs admises et réputées primitives.

L'oreille trouve dans les 7 notes de 3 en 3, de 5 en 5, de 7 en 7, des accords agréables et admis, qui sont les consonnances (1).

Cette dernière analogie seule qui explique tout le système des conson-

---

(1) N'ayant pas parcouru entièrement les ouvrages de Newton, j'étais transporté de cette découverte, lorsque j'ai trouvé, dans les Mémoires de l'Académie, que ces analogies avaient été observées par ce grand géomètre, et combattues par M. de Mairan; mais l'agent qu'ils admettent étant ici très-différent du nôtre qui est universellement reconnu, les objections de M. de Mairan tombent, et l'observation du génie anglais n'est qu'une autorité de plus.

nances et dissonnances inexplicables jusqu'ici d'une manière satisfaisante, me paraît suffire pour appeler toute l'attention sur la suite de ces comparaisons.

Les sept couleurs ou sept effets du ressort élastique de la lumière, sont le *violet*, l'*indigo*, le *bleu*, le *vert*, le *jaune*, l'*orangé* et le *rouge*.

Les sept effets du ressort élastique calorique, sont sept notes qui approchent beaucoup de nos sept notes *ut, re, mi, fa, sol, la, si* (1) ; or on voit que le rouge et le jaune correspondans à la tierce *si*, *sol*, composent l'*orangé* ou une tierce colorée ; le *jaune* et le *bleu* correspondans à la tierce *mi sol* composent le *vert*, autre tierce colorée,

---

(1) Et qui devraient être, dans mon hypothèse, la gamme naturelle, si notre gamme usitée n'était pas de convention. Observons de plus que la gamme visuelle doit être ici en sens inverse, parce que les degrés d'élasticité de la lumière et du calorique se correspondent dans ce sens. *Le rouge* est le plus grand degré d'élasticité de la lumière, et le *si* le plus grand du calorique.

l'*indigo* et le *rouge* ou *ut*, *la* le violet, dernière tierce colorée, et que toutes les couleurs composantes ou primitives, correspondent aux notes composantes des accords.

Pour les quintes colorées nous trouvons également dans les couleurs des couleurs admises et douces comme les tons correspondans fournissent des consonnances reçues : Par exemple, le *rouge* et le *bleu*, quinte colorée, donnent le *violet* couleur première, comme la quinte de *si*, *mi* musicale doit donner un *mi*, son composé qui doit produire sur l'ouïe l'effet d'un son unique.

Le *jaune* et le *violet*, autre quinte colorée, donnent le *rouge* comme l'accord d'*ut*, *sol* correspondant à ces deux premières couleurs, donne une quinte reçue qui devroit être égale à l'impression du son unique et intermédiaire *ut* (1).

––––––––––

(1) Cette analogie est beaucoup plus frappante dans la gamme de la corde sonore. Alors les accords de tierce, de quinte, etc., donnent

Qu'on

Qu'on n'imagine pas vérifier cet effet en fesant résonner l'*ut* ordinaire en même temps que les deux notes citées ; ce serait une grande erreur, en ce que l'*ut* se combinant alors de nouveau avec chacune des deux notes consonnantes, on aurait deux accords au lieu d'un, et conséquemment une véritable cacophonie, puisque chacun de ces deux derniers accords serait un accord de seconde qui est inadmissible.

D'après l'analogie parfaite que je viens de faire observer, je crois donc pouvoir avancer que : *tout accord des trois sons primitifs produit l'effet d'un nouveau son intermédiaire, qui n'est pas précisément une des notes de la gamme actuelle, mais qui devrait l'être et qui vraisemblablement en diffère peu* (1).

Je m'explique : l'accord tierce de *si*, *sol*, correspondant à l'accord tierce des

---

en effet, pour résultat, les accords intermédiaires de la série.

(1) Elle n'en diffère pas du tout dans la gamme de la corde sonore.

couleurs *rouge*, *jaune*, produit un son unique qui devrait être le véritable *la*, s'il ne l'est en effet, comme le rouge et le jaune, tierce colorée, produisent l'*orangé*, qui est le *la* de la gamme visuelle; mais il faut remarquer que dans la gamme de l'ouïe, on prend le *la* à égale distance du *si* et du *sol*, tandis que dans la gamme de l'œil le prisme fait voir que l'orangé participe bien plus du rouge que du jaune. Je pense donc que si le *la* étoit pris à une distance du *si*, qui est le rouge auditif, bien correspondante à la distance où se place l'*orangé*, le son résultant serait l'effet incontestable de l'accord tierce *si sol*, comme l'orangé est l'effet résultant de la tierce *rouge* et *jaune* fondus, et que si en général les sons étoient placés en raison de la fusion des tons primitifs entre eux, comme les couleurs le sont en raison de la fusion des couleurs primitives, les sons uniques résultans des accords, et que nous ne jugeons pas, seraient les véritables notes intermédiaires de la gamme naturelle, notes qu'on a prises à distance de tons et de demi-tons pour plus de facilité.

Ce système, que le raisonnement approuve et que la concordance en toutes ses parties entre la lumière et le calorique suffirait, ce me semble, pour établir, est confirmé encore par des expériences et l'existence d'un prisme auriculaire.

PREMIÈRE EXPÉRIENCE.

Qu'on prenne un morceau d'excellent acier poli, de la longueur de deux décimètres, de l'épaisseur de deux millimètres, qu'on le suspende à un fil de même métal par une petite ouverture, et qu'on fasse rougir ce morceau d'acier jusqu'au blanc; qu'on le retire ensuite du feu, qu'on le suspende au fil indiqué, et dès que l'acier commencera à passer au rouge pur (1),

---

(1) Cette expérience, pour être exacte, doit se faire dans l'obscurité, afin que les rayons de la lumière du jour réfléchis par le corps rougi, ne se confondent pas avec la lumière jaillissant de ce corps même, la seule à considérer ici,

première couleur et premier son des gammes visuelles et sonores, qu'on observe dès ce moment le décroissement des teintes *rouge*, *orange*, *jaune*, *vert*, *bleu*, *violet*, par lesquelles cet acier passera assez distinctement pour arriver au froid ; qu'on le frappe en même temps qu'il prendra chaque teinte, avec une baguette d'acier, on entendra la gamme ascendante *ut*, *ré*, *mi*, *fa*, *sol*, *la*, *si*.

Or, comme le ressort élastique du calorique est d'autant plus mis en action ici par la percussion que le corps frappé ou réagissant devient plus dense, plus froid et moins coloré ; que tous les effets du calorique, c'est-à-dire, les tons graves et aigus suivent merveilleusement et pas à pas l'inverse des couleurs que donnent les degrés correspondans d'élasticité de la lumière ; il

---

et la seule prise aux dépens de son calorique. On sent que la lumière du jour formerait, sans cela, une nouvelle combinaison en éclairant le corps, et changerait le problème.

est impossible, je pense, de prouver plus évidemment l'identité des bases du calorique et de la lumière, puisque le ressort élastique de l'un (les tons) s'accroît ou diminue toujours ici aux dépens de l'autre, et réciproquement, ce qui ne peut être s'ils ne sont de même nature (1).

Il est prouvé également par là que le ressort élastique de ce fluide développé plus ou moins par la percussion ou par une agitation quelconque, est la base des tons graves et aigus, puisque ces tons suivent absolument la loi de la densité croissante du corps frappé, celle de son refroidissement et par conséquent d'une plus grande concentration et élasticité de calorique déve-

---

(1) Ce rapport intime est confirmé par un fait remarquable. Le fameux *Saunderson*, aveugle, consulté sur la définition de la couleur rouge, la comparait au son aigu de la trompette. Réciproquement l'étonnant sourd-muet *Massieu*, en séance publique, a défini le son de la trompette *la couleur rouge de l'oreille.*

loppable, et enfin celle de l'inverse des couleurs, effets (1) de la lumière jaillissant du corps.

Mais en admettant ce système, il faut bien distinguer le calorique sortant du corps par *expansion*, de celui qui sort par percussion : l'un produit la chaleur, l'autre le son. Cette observation est très-essentielle pour l'explication des phénomènes.

Dans le premier cas, le ressort élastique du calorique n'agit point, ou que très-peu : dans le second, il réagit sur le calorique de l'air proportionnellement toutefois à la percussion et à l'état de dureté ou de chaleur du corps frappé.

Ainsi en concluant : *Les sons graves naissent d'un moindre ressort élastique*

---

(1) On peut tirer de-là des idées utiles pour la musique instrumentale, puisque la couleur du corps sonore peut s'altérer aux dépens de son calorique, et réciproquement le ressort destiné au calorique ou le son, s'altérer aussi quand une partie de la base s'emploie en couleurs ou effets de la lumière.

du calorique interne, et les sons aigus d'un plus fort ; les uns et les autres croissent dans la proportion de l'effet de ce ressort sur le calorique de l'air, comme les couleurs changent aussi suivant les degrés croissant du ressort élastique de la lumière.

L'intensité des sons n'est ensuite que l'effet de la plus ou moins grande quantité de calorique, mais tout entier dans le même état d'élasticité.

Cela posé, suivons l'expérience ; on observera que l'*ut* correspondant au *rouge*, n'est pas bien net et paraît sourd, parce qu'alors la plus grande partie du ressort élastique de la base du calorique passe en lumière, et qu'il n'en reste que peu pour le son qui doit être grave, ou l'*ut*.

L'*orangé* et le *jaune* correspondant ici au *ré* et au *mi* n'ont pas une couleur bien déterminée, parce que la couleur des particules de la surface de l'acier refroidi, se combine avec celle des couches inférieures ; mais la couleur s'obscurcissant, c'est-à-dire le ressort élastique de la base du calorique passant déjà moins en lumière, il en reste plus pour le son ; c'est ce qui arrive en effet, les tons s'élèvent.

Les couleurs suivantes, *vert*, *bleu*, *indigo*, *violet*, se déterminent clairement, et correspondent de même ici aux tons *fa*, *sol*, *la*, *si*, toujours parce que le ressort de la base du calorique passant encore moins en lumière; il en reste plus pour le son, le violet sur-tout opéré par le refroidissement subit de l'acier, produit éminemment la couleur et le ton prescrit, parce que c'est le dernier degré d'élasticité de la base du calorique, cessant de devenir celle de la lumière, et par conséquent le plus vif pour le son.

Ce prisme auriculaire dans l'état d'imperfection où il est, attendu que l'acier le plus pur est loin encore de l'être assez pour une telle expérience, ne laisse donc pas que d'offrir les résultats les plus convaincans, et il ne reste, je pense, qu'à prévenir quelques objections pour établir ce système sur les bases les plus solides.

Quelques personnes observeront peut-être que plus un corps est chaud, plus il devrait alors donner de son ; mais c'est précisément le contraire ; plus l'élasticité du calorique d'un corps se perd par la simple expansion, et produit par conséquent de chaleur autour de lui, moins il en reste à développer par la percussion, et plus les sons doivent être graves ; en poussant même l'observation plus loin, cette objection tourne entièrement en notre faveur.

DEUXIÈME EXPÉRIENCE.

Les corps s'échauffent par la percussion ou la production des sons. Pourquoi ? Parce qu'à force de développer du calorique qui, dans sa plus grande élasticité et au premier instant, va droit à l'ouïe (1), comme la lumière va à l'œil ; celui qui sort le dernier, toujours moins élastique, finit par rester dans l'atmos-

---

(1) Toujours par l'intermédiaire du calorique de l'air.

phére du corps sonore frappé, jusqu'à ce que ce corps passant au rouge par cette percussion même, il laisse fluer son calorique au-dehors, et n'en ait plus pour la percussion et pour produire de son; ce qui arrive en effet : le corps donne alors beaucoup de chaleur autour de lui, il devient rouge, dépense le ressort en lumière, et ne résonne plus. On l'éprouve chaque jour, un corps métallique sonore, frappé très-vivement, produit une gamme descendante à mesure qu'il s'échauffe, et reprend les couleurs de la gamme visuelle dans le sens inverse à la première expérience (1).

---

(1) Le premier attelier de Maréchal en fournit la preuve; cependant, quelques objections sur les qualités sonores de certains métaux ou substances, méritent une explication.

Le son est produit, suivant notre hypothèse, par le calorique latent développé, mais réagissant sur les molécules du corps frappé, de sorte que la densité de ces molécules doit être essentiellement considérée pour juger des qualités sonores. Voilà pourquoi le plomb qu'on objecte, quoiqu'ayant une assez

Cette nouvelle confirmation, suite de l'objection présumée, me paraît décisive, et il est inutile sans doute d'observer que les petites différences qu'on pourrait trouver dans la production des sons correspondans aux couleurs, proviennent, comme nous l'avons dit, de ce que la gamme actuelle est une gamme de convention, et non la gamme naturelle, dont les tons devraient être pris, non par tons et $\frac{1}{2}$ tons, mais par parties aliquotes très-variées, et en suivant

---

grande quantité de calorique latent, puisqu'il est presque blanc et dérobe peu au faisceau lumineux, n'est pas très-sonore, parce que la réaction du calorique développé est très-faible sur ses molécules peu denses. Voilà aussi pourquoi le charbon très-chargé de calorique est moins sonore que d'autres substances, parce qu'il est très-peu dense également. *Abondance* de calorique et *densité* des molécules, voilà les bases du son. On ne peut donc comparer les quantités de calorique résonnant qu'à la densité égale des corps, ce qui est impossible dans la nature, et rend nulles les objections fondées sur les doses de calorique qu'on voudrait prendre exclusivement pour échelles du son.

dans leur fusion celle des couleurs primitives auxquelles ils correspondent (1).

TROISIÈME EXPÉRIENCE.

Puisons-là dans les instrumens à corde, pour généraliser les observations et nous en servir utilement par la suite dans l'exécution et la confection des instrumens.

Qu'on prenne un violon, basse, alto ou guittare, qu'on pince une corde; son élasticité la fait revenir avec une force d'autant plus grande, qu'elle est plus tendue; elle frappe le calorique de l'air, celui-ci le calorique de la table qui s'y ajoute, et réagit par-là en plus grande quantité sur celui de l'air environnant qui transmet ainsi plus énergiquement le degré d'élasticité première ou les tons à l'oreille. — Ainsi, plus la corde est tendue, plus son choc, reçu par la

---

(1) Nous avons dit que ce parallèle existait et correspondait parfaitement dans la gamme de la corde sonore.

table est vif, plus le calorique développé est élastique, et plus le son doit être aigu, ce qui arrive en effet.

Qu'on relâche ensuite successivement cette corde pour lui donner divers degrés de tension et d'élasticité, les percussions de la corde, de la table, et l'élasticité du calorique de l'air, mû par le leur, diminuent dans le même ordre, et les sons doivent être de plus en plus graves ; ce qui arrive : or, les degrés d'élasticité du calorique, correspondant ici parfaitement au degré d'élasticité de la corde, comme la réaction à la percussion; cette expérience confirme encore évidemment notre théorie, et de nouvelles observations vont, à mon sens, la rendre incontestable.

Si, comme on l'a cru jusqu'ici, les sons étaient simplement l'effet des vibrations de l'air mis en jeu par la corde, il serait indifférent de faire vibrer la corde parallèlement ou perpendiculairement à la table de l'instrument, et même la table et la répercussion de l'air résonnant seraient inutiles, puisque l'effet ne saurait être plus grand que la cause, et qu'une corde devrait donner plus de son, à élasticité égale, en faisant vibrer l'air libre en tous sens, qu'en le soumettant à une répercussion qui ne peut que l'appauvrir. Il faut donc que cette percussion indispensable tire quelque chose du corps même de la table, et c'est le calorique.

En admettant même la necessité de la table comme écho, dans l'hypothèse que l'air dans toutes ses parties fût l'agent du son et non son calorique exclusivement, cette hypothèse se détruit encore par la nécessité des parois et du dessus de l'instrument, puisqu'il donne alors plus de son, et que le ressort élastique de l'air, au contraire, se trouverait plus appauvri par des percussions en tous sens (1).

Il est donc évident que tout provient de ce qu'il y a alors une plus grande quantité de calorique dégagé par ses

---

(1) On peut juger, par une vessie ou ballon plein d'air, combien son ressort s'affaiblit

propres chocs dans le corps de l'instrument, et que son ressort le plus élastique après la lumière, ne s'affaiblit qu'infiniment peu, et par conséquent garde le même ton en réagissant sur le calorique de l'air, quoique augmentant le volume du son par le volume excité. Une seconde expérience confirme cette assertion.

Qu'on fasse vibrer la corde perpendiculairement à la table, elle donnera beaucoup plus de son que parallèlement, parce que la percussion transmise à la table est plus directe, et qu'alors la quantité de calorique développé dans toute la caisse, est plus grande, quoiqu'à élasticité égale ou ton égal.

Voilà pourquoi la harpe, à part l'effet de la caisse, donne plus de son que la guittare ou autre instrument pincé,

---

promptement par la percussion; il en serait de même dans le corps de l'instrument, si ce ressort n'était pas exclusivement celui de son calorique, infiniment plus élastique.

parce que ses cordes vibrent dans un plan perpendiculaire à la caisse, tandis que les autres vibrent parallèlement.

On remarquera enfin dans cette même expérience que le phénomène des sons harmoniques se trouve expliqué parfaitement, puisqu'en coupant la corde en proportion géométrique de 2, 4, 8, les degrés d'élasticité, se trouvent doubles, quadruples, et que conséquemment les tons ou le ressort élastique du calorique doivent l'être, c'est-à-dire passer à l'octave, double octave, triple octave, etc., ce qui arrive.

Nous étendrons plus loin ces observations, lors de l'exécution des instrumens ; mais je crois, d'après les expériences ci-dessus, avoir suffisamment établi la théorie du son par l'élasticité du calorique des corps frappés, réagissant sur le calorique de l'air, pour en faire la base de toute la théorie de l'accompagnement.

Application

Application du système à l'accompagnement ou harmonie.

Nous croyons avoir prouvé que le chant des images mobiles et de la plupart des sensations générales de l'homme, était exprimable rigoureusement par des courbes ; que ces courbes de chant étaient le simple trait du dessin des corps mêmes ou des images à peindre.

Que la concordance des dessins auriculaires et visuels était frappante, soit pour l'œil, soit pour l'imagination.

Suivons les conséquences de cette concordance dans le coloris ou accompagnement, et nous trouverons, j'espère, que notre théorie est fondée de plus en plus, et s'accorde avec les inspirations des grands maîtres en musique.

Prenons dans l'art du dessin le tracé le plus prononcé, le mode dont le parallélisme des traits soit le plus sensible à l'œil, c'est-à-dire la gravure. On sait que cet art dont le trait est bien plus distinct que celui du crayon, dessine les objets avec un très-grand effet par le parallèlisme des courbes burinées qui forment l'illusion de la saillie, ou de l'abaissement de l'objet, et aident ainsi l'œil à saisir ses formes.

Il en est absolument de même en musique. L'accompagnement, destiné à achever de peindre à l'ouïe les figures notées, dessine à l'imagination et sur le papier même des courbes parallèles, qui donnent aux images entendues la saillie nécessaire et leur véritable forme (1).

Sur le papier d'abord, cela est évident, et suffira pour prouver l'effet analogue sur l'imagination, en nous rappellant toujours ce que nous croyons avoir prouvé *que l'ouïe juge les formes par les sons aigus et graves, comme la vue par les angles aigus et obtus*, et que dès-lors il suffit de démontrer que le dessin existe sur le papier noté, pour qu'il porte l'effet correspondant à l'imagination par l'ouïe.

Prouvons donc d'abord que les cour-

---

(1) Autant que l'art musical le permet.

bes d'accompagnement se dessinent et sont vraies sur le papier.

1.° Les courbes d'accompagnement sont rigoureusement parallèles à la courbe de chant, puisque tous les points se prennent à des distances égales de cette courbe première.

A la tierce, en prenant trois notes ou une ligne et demie, c'est-à-dire trois parties de notre axe des ordonnées, parfois à la quarte, lorsqu'elle se trouve entre un intervalle de sixte, et enfin à la sixte en en prenant six.

Or, personne n'ignore que des points pris tous à des distances égales d'autres points, et parallèlement à une même ligne, donnent des parallèles : donc le trait qui lie l'accompagnement à la tierce, à la quarte, à la sixte, etc. donne des courbes parallèles.

2.° Puisque la première courbe de chant est le trait du dessin de la gravure, les courbes parallèles d'accompagnement en sont, pour ainsi dire, la surface ombrée, soit à l'œil, soit à l'imagination.

Soit pris un chant quelconque et sa courbe. Par exemple, la courbe descriptive du mouvement tortueux du serpent, dans *l'oratorio : la création*. Le premier trait dessiné est, comme nous l'avons observé, d'une vérité frappante (fig. 19); mais pour le faire ressortir plus sensiblement dans la musique comme dans la gravure, il faut des courbes parallèles.

Dans la gravure, on a les courbes parallèles *bc*, *bc* (fig. 20.)

Dans la musique, on a les courbes parallèles à la tierce et à la quinte qui y correspondent (fig. 21), et l'on voit que si ces traits parallèles à la courbe du chant sont nécessaires dans la gravure pour achever de donner un corps au serpent, en l'ombrant et arrondissant ses formes, les traits parallèles des notes sont également nécessaires pour dessiner le volume de l'objet à peindre et appeler à l'esprit le même effet.

Cette analogie va plus loin, et s'étend jusqu'aux nuances des clairs ou des traits renforcés.

Le graveur, pour faire saillir ou reculer l'objet, quoique en conservant ses traits de burin parallèles, semble en supprimer des parties et en fortifier d'autres, en effaçant le trait et renforçant les points des parallèles inférieures, de même le musicien supprime, dans les courbes parallèles des tierces, quintes, septièmes, etc., certains points ou notes d'accompagnement, qui ne rempliraient pas l'effet désiré, et fait ressortir dans les autres courbes parallèles, c'est-à-dire dans les autres lignes des consonnances, les points ou notes plus propres à faire saillir ou reculer le dessin noté, et conséquemment propres à produire le même effet sur l'esprit.

Ainsi en continuant d'appliquer cette analogie à *l'oratorio d'Haydn* sur la création du serpent, le dessin qui semblerait rendre tortueux en deux sens le reptile naissant, en faisant sentir les points des courbes parallèles b, b, b de la gravure (fig. 22.), et supprimant ceux ccc, ddd des mêmes courbes pour indiquer une saillie en cet endroit, ce dessin, dis-je, s'accorde entièrement avec le tracé des courbes parallèles d'accompagnement (fig. 23), où l'on voit que les points bbb, ccc, ddd, des courbes consonnantes sont supprimés ou remplacés, suivant la nécessité du dessin et de l'effet que son chant appelle à l'imagination.

Qu'on étende ces observations aux ondulations exprimées dans les diverses tempêtes que nous avons fait remarquer en traitant du chant ou trait principal d'un dessin chanté, on verra que les courbes d'accompagnement ou des consonnances, s'accordent constamment avec le trait de burin qui arrondit les surfaces et achève de dessiner les vagues tantôt saillantes, tantôt s'abaissant dans le sein des mers.

Les courbes plus compliquées des nuages dans la *création de la lumière* et dans le récitatif *du Délire* que nous avons fait remarquer, ont aussi leurs courbes parallèles dans l'accompagnement comme dans la gravure, toujours concordant parfaitement, sinon pour rendre, dans le dessin noté, les surfaces ombrées aussi nettes, au moins assez pour reconnaître la parfaite analogie, et autant que la rareté des points musicaux ou notes peut le permettre comparativement aux points innombrables de la gravure.

Le grand talent du musicien, ayant ce type des lignes parallèles, consiste ensuite à choisir, suivant le charme des accords dont il connoît la théorie, les points ou notes qui, en conservant le parallélisme, produisent l'effet désiré; de leur donner, quant à la valeur de la note, la durée qui produit sur l'imagination le même effet que les traits plus ou moins prolongés du graveur procurent à la vue; d'y mêler par intervalle des sons imitatifs de l'organe, s'il peint un être vivant, ou du bruit quelconque rendu par l'objet, s'il s'agit d'une image qui en soit susceptible; enfin d'appliquer à l'expression de la note, l'instrument dont l'organe est le plus analogue.

Etendons plus loin nos recherches.

Jusqu'ici nous n'avons considéré dans l'accompagnement que des courbes parallèles, aussi faciles à dessiner qu'à nuancer par la forme et le choix des points ou notes ; mais le musicien a bien d'autres difficultés à vaincre quand il doit trouver un motif ou un trait de chant dans l'accompagnement même, c'est-à-dire, puisque toutes les lignes des consonnances sont parallèles : *trouver sur des courbes parallèles, les points qui, liés entre eux, donneront une autre courbe déterminée qui est un chant donné.*

On sent la difficulté de ce problème que les grands musiciens résolvent cependant par l'impulsion du génie et le sentiment du vrai, avec une facilité inconcevable.

Pour le résoudre mathématiquement, il faut alors prendre pour axe des abscisses, celui des ordonnées du chant primitif ; et pour axe des ordonnées, celui des abscisses.

Ainsi soit $m\ n\ p\ q$, la courbe du chant (fig. 28), soient $\overset{\scriptscriptstyle 1}{m}\ \overset{\scriptscriptstyle 1}{n}\ \overset{\scriptscriptstyle 1}{p}\ \overset{\scriptscriptstyle 1}{q}$, les courbes parallèles des consonnances et des accords parfaits, ces courbes, celles de chant, comme celles d'accompagnement, ont toutes été construites en prenant AP pour axe des ordonnées, et AM pour axe des abscisses.

Actuellement tous les points des courbes d'accompagnement formant des consonnances, il ne s'agit plus que de choisir parmi ces points ceux qui appartiendront au motif qu'on se propose de trouver dans l'accompagnement même.

Pour cela, il faut tracer une courbe dont les axes de construction soient perpendiculaires aux précédens ; on prendrait donc AP pour axe des abscisses, AM pour celui des ordonnées, c'est-à-dire, qu'on tracerait l'échelle musicale perpendiculairement aux précédentes, pour parvenir à l'exécution de la courbe du motif désiré. Ainsi, en supposant que cette courbe à placer dans l'accompagnement soit $x\ y\ z\ u\ u'\ u''$, on construirait d'abord cette courbe absolument de la même manière que la courbe du chant primitif a été construite, en changeant les axes. Les points fixés étant x, y, z, u, u', u'' donneraient, je suppose, *ut*, *fa*, *si*, *sol*, par leurs intersections avec les courbes parallèles des consonnances; resterait à leur donner leur valeur, quant à la mesure; quant aux accords, elle serait entièrement juste et remplirait le but désiré, puisque tous les points appartiennent aux consonnances.

Néanmoins cette construction, quoique plus régulière géométriquement, demandant pour l'axe des ordonnées une étendue qui dépasse de beaucoup celle des cinq lignes admises dans la musique, quoique l'imagination et l'usage même les dépassent souvent. On ferait souvent bien de construire la courbe du motif prescrit pour l'accompagnement, en conservant le même axe des ordonnées, mais transportant celui des abscisses plus bas en AM, par exemple, ce qui équivaut à changer la clef: car l'effet du changement de la clef étant de transporter la première ligne plus haut ou plus bas, cet effet est absolument le même que celui de la transposition de l'axe des abscisses; on construirait alors la courbe $x\ y\ z\ u\ u'\ u''$ comme à l'ordinaire, et ses intersections seraient les mêmes.

Cette opération géométrique, qui ne laisse pas que de présenter des calculs difficiles, se fait toute entière dans la tête du musicien quand il écrit un accompagnement. Les courbes parallèles des accords sont toutes tracées dans son esprit au même instant qu'il projette une courbe de chant, et la courbe d'intersection ou le motif d'accompagnement, se placent d'eux-mêmes sous sa plume, sans construction algébrique, parce qu'il sait qu'il n'y a que tels, tels points ou notes consonnantes de son chant, et qu'alors c'est la même chose pour lui que si les courbes de ces consonnances étaient tracées dans l'espace, et qu'il les coupât ensuite idéalement par celle du motif qu'il se propose dans sa basse ou dans un accompagnement quelconque. Ainsi, en regardant, je suppose, $x\ y\ z\ u\ u'\ u''$, comme le motif de basse pris par le musicien algébriste, les autres courbes d'accompagnement se construiront de la même manière par leurs intersections avec les courbes des accords; et ces courbes d'accompagnement peuvent prendre un grand nombre de formes (fig. 24), en gardant toujours des points consonnants; ainsi la seconde partie peut être la courbe $st\ p\ q\ vo$, très-différente de la courbe de basse, mais toujours juste en accords, puisque tous ses points le sont. La troisième peut être $a\ b\ c\ d\ e$, dont les points appartiennent toujours aux accords, et qui est construite en prenant les mêmes axes d'abscisses et d'ordonnées; mais ces courbes ne pouvant pas rester sans confusion sur le même tableau ou champ des cinq lignes, on transporte leurs axes des abscisses plus bas, c'est-à-dire qu'on change les clefs, ce qui équivaut à une transposition d'abscisses, et on les place toutes sur des tableaux séparés qui rappellent néanmoins, par ces clefs, la différence des axes, et ce que ces courbes seraient entr'elles, si elles restaient sur le même tracé de la construction géométrique.

On observera peut-être que ces courbes ne sont plus parallèles comme celles de la gravure de notre comparaison au sujet principal ; mais on fera remarquer que nous avons supposé qu'elles sont elles-mêmes des motifs et non le coloris d'un corps simple ; que les courbes de consonnances évidemment parallèles, comme les traits de la gravure, sont le véritable accompagnement d'un chant simple : mais que dès-lors que le musicien place un motif dans ses parties ou un chant, ce qu'il fait toujours le plus possible ; alors il y a deux ou trois peintures pour une, deux ou trois traits de dessin, et que les consonnances ne sont plus alors que des linéamens imperceptibles à l'ouïe, comme le trait de la gravure l'est pour l'œil dans un sujet composé ou orné : prenons un homme vêtu, par exemple, les traits parallèles des formes disparaissent sous le nouveau trait du vêtement qu'on y ajoute, dès lors plus de parallélisme, et il y a deux motifs en peinture comme on les remarque ici en musique.

En terminant, ce que nous venons d'observer relativement aux courbes multipliées qui peuvent se trouver dans les courbes des consonnances, n'est autre chose que le travail du musicien dans les morceaux d'ensemble; chaque courbe des motifs d'accompagnement doit se tracer d'après son équation particulière, comme celle du chant primitif, dont nous avons donné la méthode; et les intersections avec les consonnances, se déterminent graphiquement ou par le rapide calcul des compositeurs, sans tracer les courbes des accords, comme nous avons remarqué tout-à-l'heure, qu'ils le pratiquent par la seule inspiration, qui est toujours la solution du génie, quand la musique est vraie.

On sent au surplus que tout ce que nous venons de dire peut s'appliquer encore *aux variations* même, en prenant pour axe des abscisses et des ordonnées de ces courbes de festonnement, des parties assez petites de la courbe-mère, pour qu'elles puissent être regardées sensiblement comme des lignes droites, et en opérant sur ces nouveaux petits axes, comme nous avons opéré pour les grandes courbes des motifs principaux.

Telle est, dans notre hypothèses, la théorie abrégée de la construction des courbes imitatives. Le génie musical plane sur toutes ces formules ; il étonne, il séduit, il persuade, avant qu'on ait réfléchi, parce que le sentiment précède le calcul lors même que tous deux ils s'accordent parfaitement ; mais il n'en est pas moins vrai qu'il est à désirer qu'un esprit à-la-fois compositeur et algébriste, développe davantage ces idées et assure par-là de grands moyens de vérification en mélodie, ainsi que le triomphe de la vérité dans les chefs-d'œuvre que le sentiment ne peut juger seul, parce qu'il est souvent relatif, partial ou abusé par l'enthousiasme.

DE L'EXECUTION
EN MUSIQUE.

Les sons traducteurs des chants s'exécutent, soit par le secours de la voix humaine, soit par celui des instrumens : nous allons essayer de les observer succinctement dans ces divers organes, uniquement pour confirmer notre système sur le véritable agent du son.

Le degré d'élasticité du calorique mis en mouvement, soit de celui qui est dans l'air, soit de celui qui réside dans les corps sonores étant, suivant notre hypothèse, la cause de l'aigu ou du grave, toute la théorie des instrumens quelconques me paraît reposer sur le ressort de cet agent modifié et amené par l'art au degré qui produit les tons demandés.

Observons d'abord son état dans la voix humaine, le premier des instrumens.

Les sons de la voix humaine proviennent de la contraction du poumon, laquelle frappe le calorique de l'air y contenu, celui-ci développe à son tour sur son passage, et en réagissant sur les parois de la trachée-artère, le calorique existant dans cet organe. Ce calorique, tout entier dans un même degré d'élasticité proportionné à la percussion première, frappe celui qui existe dans l'air qui effleure nos lèvres, et ce sont les divers degrés du ressort qui produisent les tons, comme nous l'avons fait observer.

On remarquera déjà dans ce simple énoncé, que toutes les observations des physiciens sur l'air, prétendu agent du son, s'appliquent entièrement ici, à cela près qu'ils prenaient le tout pour la partie, et qu'ils ne tenaient aucun compte du calorique développé de l'organe même, ce qui établit la beauté de la voix, comme la bonté des instrumens, et constitue en même temps la grande différence de ce système à celui des vibrations de l'air qui ne se dégage ni de la matière des instrumens, ni des cartilages de la trachée-artère, tandis qu'une certaine quantité de calorique en sort évidemment, comme nous l'avons démontré dans l'expérience des instrumens à corde.

Cela posé, essayons de passer aux observations et au perfectionnement.

La conformation de la trachée artère et de la glotte, leurs divers degrés de contraction, pour que le même volume de calorique interne reçoive un plus grand degré d'élasticité à pression égale du poumon, afin de varier les tons, ne suffisent point pour établir de beaux sons; il faut que le canal de la trachée-artère soit net pour que la réaction soit uniforme, qu'il soit le moins surchargé de corps mous, et dans l'état cartilagineux le plus dense, pour que le fluide émis prenne plus facilement son degré d'élasticité par la réaction, que le palais soit le plus grand et le plus maigre possible, pour qu'à choc égal, il s'en dégage davantage; que les joues offrent intérieurement les surfaces les plus planes; enfin que la bouche, pour ne rien perdre du calorique développé, s'ouvre de tout son diamètre. Ces observations sont pour la plupart généralement connues; mais on peut étendre à chacune d'elles le secours des sciences ou du moins des conséquences de notre système et y projeter quelques améliorations utiles.

Il est d'autant plus essentiel de considérer la manière de traiter le calorique jusqu'à son arrivée à l'orifice de la bouche, que si parvenu là (1), il constitue la voix humaine, modifié ensuite par de nouveaux moyens, il est l'agent de tous les instrumens à vent.

D'abord, quant au foyer principal, le poumon, la nature en a fait tous les frais; nulle précaution, nul art ne sauraient le changer; ce soufflet de l'or-

---

(1) On sent que le mouvement du calorique dont on parle, n'est pas la translation de ses parties, mais la communication successive du degré d'élasticité de ce fluide interne au calorique de l'air.

gue humain, et qui donne à l'agent du son tous ses degrés d'élasticité est la base du chant; la bonté de l'un constitue la facilité de l'autre, si le reste des organes y répond; ainsi les poumons les plus élastiques, les plus denses et les plus sains donnent le premier degré de la beauté des sons; les poumons des chanteurs attaqués de phthisie ne donnent qu'avec peine au calorique l'élasticité demandée, l'effort est continuel, les tons sont moins assurés et la maladie croissant, survient l'extinction de voix ou la privation de tons, parce que le ressort ne peut plus varier, la percussion n'existant plus, mais simplement une émission pénible, insuffisante pour faire réagir la gamme du calorique (1).

La trachée-artère, également telle

---

(1) On sent qu'il ne s'agit ici que de la beauté des sons; quant à l'art qui les modifie avec une magie incalculable, il tient à la sensibilité qui exprime et peint la vérité avant qu'on ait réfléchi aux moyens qu'elle emploie.

que la nature nous la donne, ne saurait être changée, mais peut être ménagée de manière à ne point perdre le ressort de son calorique en chaleur, pour qu'il en reste plus en sons ; ainsi les alimens échauffans, les sels, les acides qui enflamment le gosier, c'est-à-dire qui développent du calorique par émission, font qu'il en reste moins à développer par percussion ; que c'est un degré de moins à ajouter à celui qu'émet le poumon, et que les tons sont plus pénibles.

Cette observation même peut servir encore d'expérience et confirmer l'existence du ressort calorique, comme base du son, puisque l'un croît ou décroît ici aux dépens de l'autre ; ce qui ne peut être, s'ils ne sont de même nature, et si les tons ne se lient de la manière la plus évidente à la température du gosier.

Il résulte de ce qu'on vient de dire, qu'à poumons et organes égaux en dimensions et en force, les différences dans les voix proviennent des degrés divers du ressort du calorique interne et de celui des organes même. Ainsi les hautes-contre, dont les tons sont plus aigus, naissent d'un degré du fluide plus condensé et plus élastique ; les basse-tailles, au contraire, proviennent d'un ressort moins élastique, quoique en général plus abondant en quantité, ce qui augmente seulement le volume de voix ; mais non le ton qui dépend de l'élasticité seule.

Il semble donc que les hautes-contre doivent perdre moins d'élasticité de calorique dans les autres fonctions animales, puisqu'il reste plus condensé dans leurs organes pour la production des tons, et que les basse-tailles au contraire en perdent davantage, c'est ce qui arrive en effet ; les basse-tailles ont en général les passions beaucoup plus fortes, et les jouissances plus prodigues que les hautes-contre, et sur-tout que les *soprani*, qui, privés d'une partie du résultat des passions, gardent le calorique développable le plus élastique et la voix la plus étendue.

On observera peut-être que les femmes qui ont toutes la voix étendue et conséquemment des sons plus aigus doivent, par cela même, avoir le calorique développable dans l'organe de la voix, plus élastique que les hommes. Cela est sans doute; mais outre qu'on ne peut comparer des effets que dans les êtres absolument semblables; que les moindres différences dans l'organe suffisent pour détruire toute comparaison, nous ferons remarquer que les femmes ont les nerfs plus irritables, plus réagissans et par conséquent plus propres à développer le ressort de l'agent du son, et qu'en comparant les femmes entre elles comme nous avons fait des hommes, ce qui est le seul moyen d'asseoir une opinion, on observera que chez les femmes sujettes aux boissons fortes ou aux passions qui dépensent le ressort du calorique interne, la voix passe bientôt au grave et prend presque le diapason de l'homme, ainsi cette objection toute entière est encore en faveur de notre système.

On observera encore peut-être que les basse-tailles ont la voix beaucoup plus forte. Cela prouve seulement qu'elles ont plus de calorique; mais comme il ne faut jamais confondre la quantité de fluide qui constitue la force du son avec son degré d'élasticité qui seul constitue l'aigu ou le grave, comme nous venons de le dire, cette objection est encore confirmative de nos hypothèses.

Le *fausset* est la voix produite par une contraction légère de la glotte, de manière que la trachée-artère acquérant moins de volume à percussion égale du poumon, l'agent du son y contenu et y passant, reçoit un plus grand degré d'élasticité, et donne alors des tons plus hauts, mais plus foibles que ceux de l'organe ordinaire; c'est pourquoi les chanteurs qui n'ont pas la voix étendue, sont forcés souvent d'user de ce moyen pour parvenir aux tons prescrits par la note. D'après cet exposé, c'est à la médecine à régler pour la beauté de la voix, le régime le plus convenable d'après les tempéramens, pour conserver au calorique toute son élasticité et sa quantité. La chimie, seule science exacte qui puisse être consultée en cette circonstance, ne peut offrir que des conséquences hasardées ; le corps humain est si compliqué, que les erreurs chimiques, pour la production des tons, seraient aussi fréquentes, quoique moins funestes que celles qui ont lieu pour la santé. Il suffira de remarquer que pour les observations, comme pour les améliorations, relatives à la voix, notre opinion s'accorde entièrement avec l'expérience, et peut être la base de nouvelles découvertes, pour la beauté des sons produits depuis le poumon jusqu'à la glotte.

Jusqu'ici nous n'avons considéré les tons que dans la partie interne et la chimie, ou la combinaison des corps était le premier moyen de modifier le ressort de l'agent du son ; le jeu de la glotte, instrument naturel, était le second, et l'art chimique n'y pouvait encore que très-peu influer ; mais arrivé à l'organe de la bouche, il semble qu'il puisse être déjà traité mécaniquement.

Ainsi, sans oser dénaturer la voix humaine dont le grand charme provient de sa douceur et des proportions merveilleuses qui existent entre le calorique développé et les surfaces membraneuses qui le répercutent, on pourrait dans certains cas, soit chercher à développer une plus grande quantité de fluide pour donner plus d'intensité aux sons, soit chercher à augmenter l'élasticité pour parvenir aisément aux plus élevés. On employerait pour cela au lieu des parois trop molles de l'intérieur de la bouche, des joues internes artificielles ou espèces de *pratiques* en argent, dont j'ai conçu le projet, mais qui demandent à être perfectionnées; la voix acquerrait par là une étendue considérable, un peu aigre encore, mais qui dans les chœurs, et vu la rareté des hautes-contre, pourroit être employée utilement.

Cette addition, à la bouche même, d'un corps métallique est, après la voix le premier instrument qui se présente et dont on pourrait trouver des moyens de perfection suffisans pour l'adapter aux orchestres et sur-tout aux chœurs. Cette observation nous amène naturellement à la musique métallique, la première à considérer comme la plus simple, la plus sonore, et celle qui s'adapte le plus immédiatement à l'organe dont nous venons de parler.

Je nomme musique métallique, celle dont les tons sont produits par des instrumens en métaux.

Je distingue dans la *musique métallique*, *la vocale et l'instrumentale*.

La *musique métallique* vocale, va se déduire de tout ce que nous avons exposé ci-dessus. Les tons arrivant tous formés à l'orifice de la bouche, si, comme nous l'avons dit pour les parois internes artificielles, on adapte à cet orifice un corps métallique doué d'un calorique très-condensé, les tons vont prendre, en le développant et se l'ajoutant, non-seulement une grande intensité, mais encore l'aigu correspondant au ressort très-élastique de ce même fluide condensé dans les métaux. Si donc on adapte un tube de cuivre ou d'argent à l'orifice de la bouche, qu'on y insinue intentionnellement et bien exactement les degrés d'élasticité des tons que l'on pense, le tube, le poumon et la bouche ne formeront alors qu'un seul et même instrument, une voix artificielle qui doit rendre des sons plus aigus, plus élevés dans le diapason, et d'une plus grande intensité que la voix naturelle.

C'est ce qui arrive ; cette addition ou ce système combiné n'est autre chose que la théorie des instrumens à tubes non percés, tels *que la trompette, le cor, le trombone*, etc. Ces instrumens sont une voix artificielle dont tous les tons sont produits par l'émission du calorique des poumons qui réagit sur celui de l'instrument; non que l'effort soit le même que pour produire les tons correspondans dans la voix naturelle; mais ces efforts sont entre eux dans les mêmes proportions, et si l'instrument disparaissait brusquement, celui qui en joue chanterait ou plutôt fredonnerait quoique dans un ton différent, l'air qu'il a joué, puisque toutes les émissions du poumon seraient entre elles dans les rapports nécessaires pour établir la différence des notes.

Ainsi, d'après ces remarques, les instrumens à vent non percés et d'une longueur constante, se jouent uniquement par les nuances du ressort du calorique émis ; c'est ce qui en fait la grande difficulté, et ce qui établit la nécessité de leur donner soit en ligne droite, soit en spirale, une longueur assez étendue pour qu'il y ait plus de différence sensible entre les dégrés d'élasticité de l'agent du son, et le motif en est évident : car deux tons sont entre eux en rapport arithmétique, comme les dégrés d'élasticité. On a donc cette proportion $T.\ t : E.\ e$; or les degrés d'élasticité, sont évidemment, à émission égale, en raison inverse des volumes cylindriques du calorique des tubes, on a donc en nommant $C.^2$ la surface d'une section du tube $T'. t : E. e : c^2 y\prime. c^2 y$ en nommant y et y' deux longueurs du tube, et en supposant un même tube, dont la section serait C^2. Donc les tons différeront d'autant plus que les longueurs diffèrent plus entre elles, ce qui ne peut être si $y'y$ et y ne sont les plus grands possibles en y combinant toutefois les autres conditions, tels que le diapason de la musique métallique, la longueur du bras, etc.

On sent de plus que ces longueurs ont des limites données par le degré d'élasticité du calorique d'émission : car si une longueur devenait infinie, on aurait $E. e : \infty . c^2 y : T. t$, donc $t = T + c^2 y - \infty$; c'est-à-dire que le ton de la trompette infinie sera $-\infty$, et cela doit être car le dégré d'elasticité serait infiniment petit ou un souffle imperceptible.

Ce calcul facile me paraît avoir servi de base à l'invention du *trombone* ou trompette variable en longueur. Les volumes de calorique à élasticiser acquièrent par là de plus grandes différences, et la poitrine a alors moins d'effort à faire pour produire les degrés d'élasticité, puisqu'elle n'y contribue pas seule, et que la main fait varier les volumes en faisant courir un tube de recouvrement qui allonge ou raccourcit la colonne. Ces volumes ont été calculés en faisant la proportion arithmétique inverse $T. t : c^2 y'. c^2 y$; puis $t'. y' \; t'' : c^2 \; c^2 y'$; $t''. t''' : c^2 y'''. c^2 y''$ d'où ayant un ton donné pour T dans le diapason et le diamètre connus, on tire aisément chaque longueur y' y'', etc., et les divisions par suite ou la main doit ramener la seconde partie du trombone pour avoir les colonnes demandées et les tons qu'elles produisent.

Le *cor*, le plus parfait des instrumens de la musique métallique vocale, est encore comme nous l'avons dit une voix artificielle, et en effet il se joue par la simple émission du calorique des poumons, on doit juger quelle délicatesse, quels soins exige cette émission pour nuancer à ce point les degrés d'élasticité d'élasticité, et on peut comparer cette difficulté à celle de jouer un air avec une seule corde dont on varierait les degrés de tension, en tournant la cheville ; car dans l'un ou l'autre cas, tout dépend du dégré d'élasticité de la cause première.

Le développement du tube du cor, en spirale, en même-temps qu'il donne une assez grande étendue à la développée, et plus de facilité pour faire varier les degrés d'élasticité, a l'avantage d'adoucir les sons en rompant par une multitude de réflections le ressort du calorique émis, et de se rapprocher davantage de la voix humaine.

Les cors se jouent en *si* et en *fa* à volonté, au moyen de l'addition d'un petit tube transversal qui fait varier le volume total du système de la spirale et du tube ajouté. Le calcul a donné le volume de la partie à ajouter, en raisonnant toujours ainsi. Les tons sont entre eux en raison inverse arithmétique du volume de l'agent du son à élasticiser T. t : v. V. En nommant

V. le volume du cor sans addition : d'où connaissant dans cette proportion celle qui existe entre les tons T et t qu'on désigne par des nombres ainsi que le volume primitif, on tire aisément le volume secondaire v, et le tube du petit système à ajouter. On voit que par ce calcul très-simple, on peut monter un cor en divers tons; aussi a-t-on rendu la partie transversale variable, sinon pour produire cet effet, au moins pour remédier aux variations du calorique soit émis, soit sortant du métal même, quand l'instrument s'échauffe.

Les trompes de chasse ne sont que des cors d'un plus grand volume et dont par conséquent les sons sont plus graves, mais ils ont plus d'intensité : c'est ce qui convient à leur usage en plein air.

De ce que nous venons de dire, il suit, ce me semble, que le perfectionnement des instrumens composant la musique métallique vocale, tient essentiellement à la qualité et à la forme du métal, que celui qui renfermera le plus de calorique latent ou condensé, et par conséquent le plus difficile à fondre, sera le meilleur; il convient donc,

1°. De chercher les alliages les moins fusibles.

2°. De construire les tubes le plus régulièrement possible pour obtenir des angles de réflection bien égaux et un développement de calorique égal, quand le tube sera bien calibré et d'une égale épaisseur.

3°. De donner la forme paraboloïde à l'extrémité du tube, pour que la sortie de l'agent du son se trouvant au foyer, il soit renvoyé parallèlement à l'axe de l'instrument, et se perde le moins possible latéralement.

Passons à la musique métallique instrumentale.

De l'*orgue*. La flûte de Pan me paraît avoir donné naissance à l'orgue. Cette série de roseaux, coupés entre eux de manière à produire la gamme par la seule émission du calorique interne, envoyé par la lèvre supérieure qu'on promène sur l'orifice de ces tuyaux réunis, a trop de rapport avec une série de tuyaux métalliques, résonnant par l'introduction du calorique de l'air envoyé par les vastes soufflets qui les alimentent, pour ne pas en être l'origine. On a choisi des tuyaux métalliques pour avoir plus de son, sans se rendre compte de la cause, qui est le calorique plus concentré dans les métaux. Ces tuyaux pour produire les sons demandés à émission égale du vaste poumon artificiel, ont dû se calculer en établissant toujours la proportion arithmétique des tons, en sens inverse des volumes, $t : t' : t'' : t''' :: v''' : v'' : v'$, et si l'on avait des diamètres égaux pour les tuyaux, on en tirait aisément les longueurs qui devenaient énormes pour les tons graves. Il a donc paru préférable de faire varier à-la-fois les diamètres et les longueurs des tuyaux, pour conserver à leur série une forme et un ensemble facile à lier et à adapter à l'ornement des temples.

Dans le premier cas, on a eu chaque tuyau par cette proportion, en se donnant le premier ton T. et le diamètre et la longueur d'l du premier tuyau ; on a eu, dis-je, le second, par exemple par la proportion T. t : d' y. d' l, d'où l'on tire la valeur du cube d' y : reste à savoir quelle loi on établira pour les longueurs, et parconséquent quelle sera la 2e. longueur y pour avoir le diamètre du 2e. tuyau ; ainsi si l'on veut que les tubes forment une proportion arithmétique ou que le système prenne une forme triangulaire, en ayant par le premier tuyau et leur nombre la facilité de construire ce triangle, on aura dans chaque proportion y, y' connus, et les diamètres seuls inconnus, se tireront facilement de chacune des proportions désignées ci-dessus.

Toutes les autres formes qu'on pourrait donner au système des tuyaux, permettant de calculer la longueur de chacun, d'après cette forme connue, ainsi que sa place, on obtiendra toujours le diamètre par les proportions arithmétiques indiquées, où l'on substituera les valeurs y, y', y″ données *à priori*.

Ce problème est encore plus facile, si l'on ne veut faire varier que les diamètres ; alors il suffit d'établir les tons en raison inverse des quarrés des diamètres. Quelques anciennes orgues sont construites ainsi, et les bouches forment une seule ligne horizontale parallèle à la ligne des têtes des tuyaux, on les termine en bas par des cônes ayant pour bases le diamètre du tube et pour longueur celle fixée par la base du petit triangle adopté. Ces cônes servent à répercuter le calorique, et permettent de ne toucher les corps étrangers que par un seul point qui est leur sommet, ce qui perd moins de ce fluide par communication.

Les orgues ont un grand nombre de jeux, tous provenans des modifications qu'on apporte aux formes, à l'introduction du calorique, et à l'orifice inférieur de chaque tuyau ; quelques facteurs célèbres ont porté ces jeux à 40, dont les principaux sont : *la flûte*, la voix humaine, la musette, la trompette, les clairons, les tambours, la voix tremblée, le jeu d'ange, etc., les nazards, etc. Tous ces jeux se disposent au moyen d'espèces de *tiroirs* nommés *registres* que l'organiste tire quand il veut se servir du jeu prescrit. En tirant ce registre, il ouvre la communication du calorique des soufflets avec le jeu des tuyaux correspondans, et son clavier n'agit plus que sur cette série.

On cherche en vain à expliquer géométriquement les causes des variétés des jeux des tuyaux quant à la disposition de leur bouche, de leur orifice inférieur et de leur évasement plus ou moins grand : partout le mathématicien reconnaît un ingénieux tâtonnement ; mais nul calcul positif ; quelques analogies saisies habilement, quelques conformités avec la trachée-artère, avec les instrumens qu'on imite, paraissent avoir été les seuls guides ; il n'en est pas moins vrai qu'en partant de notre base de l'existence du calorique comme seul agent du son, on a l'explication de tous les phénomènes et les véritables moyens d'amélioration de l'orgue, moyens qui consistent 1°. dans le choix d'un métal qui remplisse plus éminemment encore les conditions prescrites ; 2°. dans le soin de conserver à l'agent du son sa même intensité, en ayant toujours un air d'une égale température, ce qui peut se faire au moyen de *ventouses d'aspiration* communiquant avec l'air extérieur et garnies d'un caloromètre, lesquelles porteraient au soufflet un air également chaud et conséquemment la même quantité de calorique *latent*. 3°. En cherchant à substituer aux étoffes qui servent à adoucir l'agent du son pour les jeux d'ange et la voix humaine, des feutres aussi doux et qui perdent moins de son.

Cet instrument, véritable roi de la musique métallique, tant par la variété de ses jeux que par leur intensité, semblerait devoir être substitué aux orchestres dans les fêtes publiques, en plein air, et par-tout où nos frêles instrumens à cordes, quelque nombreux qu'ils soient, se font à peine entendre. On a dû remarquer que le plus faible clairon surmonte alors une armée de violons. Quel effet majestueux n'obtiendrait-on pas d'un orgue immense, préparé et transportable, dont le vaste clavier se jouerait au moyen de leviers artistement allégis et mis en mouvement par plusieurs organistes célèbres ? Cet instrument sublime et harmonieux, serait entendu sur une surface immense, organe à-la-fois doux et terrible, on croirait écouter la voix de l'Eternel au mont Sinaï, tandis que les sons fugitifs et flasques d'une légion de violons (1), ressemblent de loin dans nos fêtes aux soupirs d'un peuple usé et en état de phthisie, quoique environné d'un calorique immense, qu'il ne sait pas employer.

---

(1) Il ne s'agit ici que du volume et de l'ensemble ; le violon pris isolément sera toujours le premier des instrumens.

En traitant du perfectionnement de l'orgue, ainsi que de ses tons multipliés, c'est le cas, peut-être, de proposer *un clavier de composition*, que j'ai imaginé pour la composition et la vérification des chants, instrument basé sur l'analogie parfaite de l'ouïe et de la vue.

Soit (fig. 16) un échiquier, dont chaque touche, en s'enfonçant, produise un ton que nous déterminerons après. Qu'on suppose un œil placé à l'angle D d'un cube ayant pour base ce clavier ; qu'on tire, sur la première ligne A B, autant de traits à l'œil qu'il y a de touches ; qu'on en fasse autant de toutes les touches du clavier.

Cela posé, qu'on établisse la série de tons, $a, b, c, d, e, f, g, h, i, k, l, m, n, o, p, q$, de la première tranche, non en suivant la gamme ordinaire ; mais suivant une progression de tons qui soient entr'eux, comme les sinus des angles de réflection de la lumière, formés par des lignes tirées de chacun de ces points à l'œil ; il est évident qu'avec de l'habitude, la ligne A B, sera peinte à l'ouïe, comme à la vue, par la progression des tons, puisqu'ils suivent la progression des angles.

Il en sera de même pour les lignes parallèles, 16, 15, 14, 13, 12, etc. On aura donc un tableau dont tous les points appelleront à l'esprit par l'ouïe, la même valeur qu'ils appellent à l'œil, par le sens de la vue.

Ce clavier établi, toutes figures se construisant par points et d'après cette correspondance des agens des deux sens, en quelque direction qu'on tire des lignes sur ce clavier, les touches résonnantes produiront des tons qui seront comme les sinus des angles visuels, et qui seront, par conséquent, le véritable chant des lignes tracées.

Ceci s'appliquant aux lignes droites ou courbes, qui composent le dessin et le premier trait superficiel des corps, on voit qu'il suffirait d'appliquer sur le plan du clavier le calque des courbes à chanter, pour, qu'en suivant le trait avec la pointe d'un stylet, on obtînt la série de tons qui expriment cette figure, et que cet instrument pût servir de vérificateur des chants simples imitatifs des corps, soit dans la mélodie, soit dans l'harmonie, en y appliquant les courbes d'accompagnement.

On conçoit au surplus la grande difficulté de la construction exacte de cet instrument, si l'on a tant de peine à accorder parfaitement un clavier composé de notes, dont les fractions sont aussi faciles que celles des tons ordinaires. Quel travail immense et fini pour établir des gammes dont les notes diffèrent par des quantités fractionnelles très variées !

Néanmoins, si l'on veut observer que la musique, en général, n'est qu'un tracé approximatif dans son diapason actuel ou dans la carrière de ses tons, on sentira qu'il serait possible d'établir cet instrument d'une manière satisfaisante.

D'abord, on considérera tous les rayons lumineux dans des plans, passant par la ligne C D, où est l'œil, et par chaque touche; ce qui suffit pour établir un plan. L'angle de réflexion sera celui de la ligne, tirée de l'œil dans ce plan, à chaque touche, en supposant la lumière généralement répandue; ce qui doit être comme l'est l'ouïe, ou plutôt son agent.

La première ligne, A B, calculée, on établira un premier plan au fond d'une caisse cubique, qui renfermera un tableau de cordes de laiton ou d'acier, comme celui des claviers ordinaires. Ces tons seront entr'eux, comme les sinus des angles de réflection de la première tranche.

La deuxième ligne 16 calculée, on établira, sur ce premier clavier, un second clavier, suivant les mêmes principes.

Pour la ligne 15, un troisième, ainsi de suite jusqu'au dernier plan qui sera placé immédiatement sous le grand clavier descriptif en échiquier.

On sent qu'il sera facile de mettre en mouvement les marteaux du clavier inférieur, comme de tous les étages de clavier, en fesant que chaque touche de l'échiquier, tienne à un levier vertical, tombant d'à plomb sur les queues des marteaux de chaque étage. Cette indication suffit, ce me semble, pour mettre sur la voie un luthier habile, et l'on aurait ainsi un *vérificateur incontestable* des chants, sur lesquels on ne peut asseoir que des conjectures; en un mot, quoi qu'il en soit de la difficulté de la construction exacte de cet instrument, il n'en est pas moins vrai qu'il existe idéalement dans la tête des musiciens, créateurs des chants vrais, puisque toutes les expressions sont basées sur la concordance des deux sens qui parlent simultanément ici un langage déterminé (1).

Les timballes, second instrument de la musique métallique instrumentale, sont formées, comme on le sait, de deux demi-sphères en métal, composé d'un alliage de cuivre et d'argent

---

(1) Le père Castel a pressenti une partie de ces idées dans son *Optique des couleurs*; mais il ne les a pas étendues jusqu'aux accords colorés, et sur-tout jusqu'aux angles visuels et auriculaires.

pour que le métal ait plus de dureté, et son calorique plus de ressort; ces deux sphères sont recouvertes de peaux tendues par des vis de rappel, et que l'on frappe pour en tirer des sons qui jusqu'ici ne sont que de deux espèces et à la tierce.

Si, jusqu'à-présent, deux timbales ont suffi pour les orchestres ordinaires, on sent que pour la musique *grandiose*, soit dans les temples, soit en plein air dans les fêtes, où la mesure et les sons ont besoin d'être marqués tous avec la même vigueur, il serait préférable d'avoir des timbales en tous les tons, et de créer l'instrument que je proposerai comme un perfectionnement des timbales connues.

Jusqu'ici, les deux tons des timbales se tirent uniquement de la tension des deux peaux, dont le ressort varié développe un ressort correspondant du calorique intérieur; on pourrait, en fesant varier cette tension, obtenir peut-être trois et même quatre tons, mais plus ou moins sourds.

D'autre part, quelque volume qu'on donne aux demi-sphères; et quand on établirait leurs cubes en progression arithmétique, à tension égale des peaux, on ne ferait varier, comme nous l'avons dit, que l'intensité des tons, mais non les tons eux-mêmes qui dépendent uniquement du ressort du calorique, et non de l'espace qui le renferme dans un même état d'élasticité.

Il faut donc trouver un moyen de conserver la même intensité, la même tension des peaux, s'il est possible, et de faire varier le ressort de l'agent du son, de manière à produire la gamme sur une série de timbales, et voici le moyen que je propose :

Qu'on établisse un système de soufflets disposés comme pour les tuyaux d'orgue; qu'on adapte au grand tuyau conducteur de l'air du soufflet, ou plutôt du calorique y contenu, sept tuyaux correspondans à sept timbales bien construites, couvertes de peaux de qualité égale, de tension égale et semblables en tout point; il est évident que
ces

ces sept timbales donneront toutes le même ton au premier instant du jeu du soufflet.

Qu'on introduise un second volume de fluide, les sept tons hausseront de la même quantité, puisque les sept ressorts de ce fluide à percussion égale seront plus élastiques, étant plus condensés dans un même volume de timbale.

Ainsi de suite d'un troisième jeu de soufflets, etc., jusqu'à sept.

On voit donc qu'il ne s'agit plus que de conserver à chacune des sept timbales, un des degrés d'élasticité du calorique interne des sept émissions de soufflet, que nous venons d'observer, pour que les sept timbales, quoique égales donnent sept tons différens, et voici comment on y parviendra :

Qu'on adapte au fond de chaque timbale une soupape bien faite, en cuivre bordée de buffle, et fermant parfaitement, quoique mobile, sur une charnière bien polie; en un mot, semblable en tout et en grand aux clefs d'une flûte.

Que sous chaque soupape on place un levier sur axe, servant par une de ses extrémités à faire fermer la soupape, et par l'autre, à soutenir un poids en équilibre avec l'effort que fait pour s'ouvrir cette même soupape, poussée par le ressort de l'air interne de la timbale, et par conséquent avec celui du calorique inclus.

Cela posé, qu'on établisse ces poids entre eux, comme les nombres, 1, 2, 3, 3 $\frac{1}{2}$, 4, 5, 6, et qu'on fasse agir les soufflets; il est évident que les timbales se rempliront de calorique en condensant leur air, et que les degrés d'élasticité de celui-ci, quand les soupapes seront en équilibre, et les leviers en repos, seront, dis-je, comme les nombres, 1, 2, 3, etc., c'est-à-dire, produiront la gamme.

On aura soin de recharger de temps en temps les timbales, pour que le fluide élastique se trouve toujours dans le degré de densité correspondant; ce qui se fera par le seul effet des soupapes, lesquelles céderont dès que le ressort passera le ton, et se fermeront dès qu'il y arrivera.

Quant à la manière de jouer de ces timbales, on voit qu'un clavier à percussion, serait facile à y adapter, ou plutôt qu'en adaptant cette *gamme timbalière* elle-même aux grands orgues que nous proposons, ce ne serait qu'un jeu de plus, d'une exécution facile et d'un très-grand effet.

Les cimbales, le tamtam, etc., instrumens de la plus haute antiquité, nous viennent des Egyptiens et des Chinois, et leur définition même est une nouvelle confirmation de notre système; ils sont formés de l'alliage des métaux les plus chargés de calorique latent, ou du moins ce sont ceux qui y dominent, tels que l'or, l'argent et la platine, aussi le moindre choc y développant le calorique dans son état de la plus grande élasticité, produit ces sons éclatans qu'aucun autre métal ne saurait donner; tout tient donc évidemment ici à l'agent du son existant dans l'intrument même; et le choc manuel qui le développe, y produit éminemment ce que le choc moins violent de l'air des poumons ou des soufflets produit moins sensiblement dans les instrumens à vents non percés.

DES INSTRUMENS A VENT PERCÉS.

Cette dénomination me paraît inexacte et tient toujours à l'ancienne erreur sur la cause du son, qui est le calorique et non pas l'air ou le vent qui en est un composé; elle s'applique néanmoins à la *flûte*, au *hautbois*, à la *clarinette*, au *basson*, au *serpent*, etc., instrumens que nous allons parcourir dans les perfectionnemens dont je les crois susceptibles.

La flûte, instrument de l'antiquité la plus reculée, puisque les Egyptiens en fesaient usage ainsi que les Grecs (1),

---

(1) Le plus ancien de tous les instrumens est sans doute le *chalumeau*, autrement nommé la *flûte de Pan*, en grec Σύριγξ. Il n'est pas besoin d'en donner la description; il a en effet

est un simple tube en bois ou en ivoire, où l'on introduit le calorique interne par l'impulsion ou le souffle, et non

---

la même forme qu'il avait dans les temps les plus anciens.

Le chalumeau dût donner l'idée de la flûte de côté πλαξιαυλος. Le son s'y forme de même que dans le chalumeau ; mais il se modifie en ouvrant ou en fermant les trous.

Vient ensuite la flûte proprement dite αυλος qui se jouait avec un bec, ou plutôt avec une *anche*, comme le hautbois. Nous voyons en effet dans Strabon que les roseaux que produisait le Laïque, fleuve de l'Asie mineure, étaient particulièrement recherchés pour faire ces anches. Cette anche se nommait γλώσσα. Cette flûte était d'abord très-simple, et on ne pouvait en jouer que dans un seul *mode* ou *ton*. Il fallait qu'elle fût beaucoup plus grosse que celles que nous employons, puisque ceux qui en jouaient étaient obligés de s'entourer les joues avec une bande de cuir qui s'attachait derrière la tête. Cette bande, qui avait un trou devant la bouche, comprimait les joues de manière à donner plus de force au souffle : cette bande de cuir se nommait φορβιά.

On était obligé d'avoir des flûtes différentes pour jouer dans les différens modes ; Pronomus par émission intentionnelle, c'est-à-dire dans le degré d'élasticité appartenant à chaque ton, comme dans le cor, la trompette, etc., parce que ici ces degrés s'obtiennent en fesant varier ces volumes au moyen de petits orifices qui alongent ou raccourcissent la colonne du fluide intérieur, en la fesant communiquer avec le calorique extérieur. Ce n'est pas qu'il ne faille donner plus de souffle en certains tons, c'est-à-dire, condenser encore l'agent du son

———————————————————

fut le premier qui, en faisant quelques changemens à la flûte, la rendit propre à jouer dans différens tons. Ce fut probablement en y faisant par tatonnement plusieurs trous qu'on ouvrait ou qu'on bouchait suivant le mode dans lequel on voulait jouer.

Ce ne fut sans doute que peu après qu'on inventa la double flûte, composée de deux tuyaux qui recevaient l'agent du son par une seule *anche*, et qui étaient de grandeur différente. Au reste, malgré le traité de Bartholin sur la flûte, les différentes espèces dont les anciens faisaient usage, nous sont encore très-peu connues, et cette matière aurait grand besoin d'être éclaircie.

pour parvenir aux tons élevés, parce qu'alors la colonne étant très-courte, sa communication avec l'extérieur est très-prompte, et la déperdition plus facile ; mais il n'en faut pas moins calculer d'abord la position des trous, ou la longueur des colonnes pour s'assurer mathématiquement de leur position, sauf, s'il en est besoin, à élasticiser après par le souffle, le calorique, pour atteindre plus exactement les tons demandés.

Ce calcul, toujours fondé sur les mêmes bases des tons, en raison inverse arithmétique des volumes de fluide interne à élasticiser, donne d'abord en nommant l, la longueur de la flûte, c^2, la surface de sa section pour *ut*, et la longueur x pour *ré*, 1. 2 : $c^2 x$. $c^2 l$, c'est-à-dire, $c^2 x = c^2 l + 1 - 2$; pour *mi*, 1. 3 : $c^2 y$. $c^2 l$; $c^2 y = c^2 l + 1 - 3$. Le cube pour *fa* $= c^2 l + 1 - 3\frac{1}{2}$; pour *sol*, $c^2 l = c^2 l + 1 - 4$ ainsi de suite, c'est-à-dire, les cubes entr'eux comme $c^2 l - 1$; $c^2 l - 2$, $c^2 l - 3$, $c^2 l - 3\frac{1}{2}$, $c^2 l - 4$, etc., ainsi en se donnant une première longueur de colonne, depuis la bouche jusqu'au *si*, premier ton dans le diapason ordinaire, et divisant le reste de la flûte en parties qui soient comme les nombres c^2l-1, c^2l-2, c^2l-3, $c^2l-3\frac{1}{2}$, etc., on obtiendra la gamme ascendante à partir du *si*, et réciproquement.

Qu'on double les degrés d'élasticité du calorique, en forçant l'émission du poumon et pinçant les lèvres de manière à resserrer le passage et doubler l'élasticité, par ces deux moyens réunis, tous les tons établis comme ci-dessus passeront à l'octave.

Qu'on triple le degré d'élasticité, on aura une octave de plus; mais ici l'instrument est borné au *fa* à la troisième octave, et la combinaison du volume de la flûte et du ressort ne permet plus d'élévation, à moins qu'on ne change le volume même de l'instrument qui devient petite flûte.

On observera que les degrés d'élasticité du calorique interne augmentent ou diminuent dans la flûte, non-seulement en raison de la longueur des colonnes que nous venons de déterminer depuis la bouche, mais encore en raison de l'influence qu'apportent les colonnes depuis les trous jusqu'à l'autre extrémité; car il est évident qu'en bouchant ou débouchant un trou, ou deux, ou trois, ou quatre, les degrés d'élasticité du volume total sont influencés encore dans des rapports proportionnels au nombre de trous ouverts, puisqu'il s'échappe alors une, deux ou trois fois plus de calorique.

C'est d'après cette observation, que l'on a établi les gammes en tous les tons, ayant une fois la base; car tous ces tons n'étant que l'altération par demi-tons des tons précédens, il a été facile de produire cette différence, soit par la *clef* placée à l'extrémité de la flûte, soit en levant des doigts intermédiaires et ouvrant par conséquent encore des trous, mais toujours plus loin que celui qui termine la colonne correspondante et génératrice du ton secondaire.

Il résulte de tout ceci, que hors la

détermination des gammes naturelles et de leurs octaves, celles de toutes les autres sont un objet de tâtonnement suggéré tout au plus par un calcul approximatif; qu'il est nécessaire souvent de changer les corps de flûtes pour jouer en certain ton; qu'il faut les changer encore quand la température de l'enceinte où l'on joue, varie, c'est-à-dire, le degré d'élasticité de son calorique, qui, variant aussi dans l'instrument, fait hausser ou baisser les sons.

Il faudrait donc, d'après ces inconvéniens, trouver un moyen d'alonger ou raccourcir convenablement les corps de la flûte pour y remédier. Ce moyen que je propose comme un perfectionnement facile, serait d'établir les corps par des recouvremens semblables à ceux des lunettes mobiles en métal, de manière à pouvoir parcourir un espace assez grand, sans donner passage au calorique interne.

Ce mélange de métal avec le bois de la flûte ne donnerait pas de changement sensible dans la qualité du son, et remplirait parfaitement les vues indiquées ci-dessus de regagner le ton du diapason, quand la température varie ou que l'instrument s'échauffe à force qu'on en joue.

Le *hautbois*, la *clarinette*, le *basson* et le *serpent*, doivent être tous calculés d'après les mêmes principes, quels que soient la longueur et le développement de leurs corps ; mais il est aisé de remarquer combien ces instrumens sont encore imparfaits : la multitude de clefs dont ils sont chargés, les rend d'une exécution très-difficile, outre qu'il en résulte un bruit désagréable par le cliquetis de ces mêmes clefs. Ce n'est donc qu'en adoptant, je pense, nos principes sur les longueurs des colonnes déterminées, ainsi que nous venons de le faire pour la flûte, qu'on parviendra à simplifier le mécanisme de ces tubes harmonieux, tous soumis d'ailleurs à des lois uniformes, savoir, l'élasticité du calorique et la dimension des colonnes susceptibles d'être variables par des corps de recouvrement.

DES INSTRUMENS

A CORDES.

Avant de parcourir les divers instrumens à cordes, il faut rappeler les principes déduits de notre quatrième expérience, sur la cause des sons rendus par la corde qui sont, que 1.° les tons proviennent du degré d'élasticité transmis au calorique de l'air par l'élasticité de la corde et conséquemment par sa tension.

2.° Dans les instrumens à cordes, le calorique développé de la caisse de l'instrument est la principale cause de la force et de la qualité du son, puisque si la cause était la vibration de l'air, une corde sans caisse devrait donner plus de son, attendu que ce dernier ne peut que s'affaiblir par des répercussions, et qu'au contraire il augmente en effet; il faut donc que ces répercussions tirent quelque chose du corps même de l'instrument, et c'est le calorique dans un degré d'élasticité égal à celui de ce fluide, frappé immédiatement par la corde.

3.º Il suit des remarques ci-dessus, que les percussions des cordes perpendiculaires à la table de l'instrument donnent plus de son en frappant plus directement la tranche de calorique interposée, et par suite celui des tables.

Ces observations vont servir de base à toute la théorie des instrumens à corde et à leur perfectionnement.

On objectera peut-être contre notre système, qu'une corde plus grosse et plus tendue donne le même son, qu'une plus mince, moins tendue. Or, comme plus tendue elle donne plus d'élasticité au calorique, elle devrait donner un ton plus haut à percussion égale; mais il faut remarquer qu'alors la tranche d'air interposée entre la corde et la table de l'instrument, est plus épaisse quand la corde est plus grosse, et qu'une percussion plus forte alors de la corde plus tendue, répandue sur un volume plus grand de calorique, ne lui donne que l'élasticité égale à celle que reçoit la tranche plus mince, subposée à une corde plus mince. Delà, même élasticité par suite de l'agent du son développé de la table, puisqu'il prend celle qui lui arrive par les moyens précédens, laquelle est égale dans les deux cas; et en effet, le calcul de la grosseur des cordes vient à l'appui de ce raisonnement.

Les objectans ne résoudraient pas de même la difficulté que je leur oppose sur l'assertion que les vibrations sont la cause des tons; car la même corde d'un ton donné suivant la force avec laquelle on la pince, fait depuis o ou l'infiniment petit, ou depuis 2 vibrations jusqu'à 100 et plus, en rendant toujours le même ton, donc le nombre des vibrations n'est pas la cause de leur différence.

On peut essayer cet effet sur une corde de guittare peu tendue; qu'on la touche imperceptiblement et perpendiculairement à la table, elle fera à peine 2 vibrations; qu'on la tire fortement et parallèlement à la table, elle en fera plus de 50, toujours en rendant le même ton, donc le nombre des vibrations n'en est pas la cause; cela posé, passons brièvement à la facture des instrumens à cordes.

Le violon, l'alto, la basse, la contrebasse, instrumens qui ne diffèrent que par les volumes, peuvent recevoir les mêmes observations; occupons-nous donc du violon, le plus délicat et le plus parfait de ces instrumens.

Le violon (fig. 4.) est composé de deux tables légèrement concaves, échancrées par deux parties vers leur milieu, et percé à la table supérieure dans la partie où l'archet percute les cordes de deux *f*, pour que le calorique élasticisé communique avec le calorique interne et développe celui des tables et des parois de l'instrument.

Dire que la géométrie a présidé invariablement aux formes de l'ensemble et de détail du violon, serait une assertion démentie par la quantité innombrable de patrons existans. Les *amati*, les *stradivarius*, etc., diffèrent tous essentiellement aux yeux des connaisseurs, et ces différences sont bien plus sensibles, si l'on veut remonter à la naissance de cet instrument, ou la partie liée au manche, s'alongeait en forme triangulaire, ainsi qu'on voit encore beaucoup de basses. Il faut donc convenir qu'une longue expérience a seule motivé ces changemens.

En effet, qu'on calcule isolément toutes les parties courbes, soit l'arc $a\,b\,c$ (fig. 31 et 32), soit l'arc $d\,f\,e$, soit les petits arcs $a\,d$ et $b\,f$, qui, par fois, ressemblent à la courbe en anse de panier, on ne trouvera aucune loi dans l'accroissement ou le décroissement de ces arcs en divers violons également bons; les uns ont les arcs $a\,t$ et $b\,t$ (fig. 32) plus concaves; d'autres ont les diamètres $a\,b$, $d\,f$, plus grands ou plus petits, et les parties $a\,b\,c$, $d\,e\,f$, circulaires ou elliptiques; en un mot, plus on les compare, plus on reste convaincu

convaincu que le tâtonnement seul a amené les formes actuelles, lesquelles produisent cependant des sons d'une admirable douceur, à archet égal.

Cherchons néanmoins d'après nos principes, quelle serait la forme de violon la plus mathématiquement et physiquement juste, pour donner de beaux sons et beaucoup de son, et ne nous effrayons point de quelque différence légère dans les formes, en songeant aux patrons primitifs de la plupart des instrumens, et que le temps seul a amené leur perfectionnement quant à la bonté et à la grâce des contours.

Quelles sont les conditions à remplir à archet, corde et talent égal? De faire que le calorique sub-posé à la corde, frappant le calorique interne, en développe la plus grande quantité possible, une fois sa qualité admise, c'est-à-dire, la matière de l'instrument adoptée.

Il est donc nécessaire que le calorique élasticisé, percute en tous sens les parois de la caisse du violon.

$A\,b$ (fig. 26 et 27), étant sa coupe par l'ame, f, f' ses ouvertures, si l'on fait la partie a b c elliptique; l'agent du son, entrant par les points f, f', après avoir frappé l'arc $a\,c\,b$ au point m, ira ressortir sans autre répercussion par le point f', foyer opposé à celui par lequel il est entré, et l'on aura un son pur, mais moins nourri et peut-être trop aigre. D'ailleurs, la table supérieure ne recevant aucune percussion, n'aura rien fourni de son calorique. Il est donc nécessaire que la courbe $a\,c\,b$, soit telle que la surface supérieure $a\,b$ soit frappée et plusieurs fois, s'il est possible, par les filets de calorique avant qu'ils ressortent. Or, si en construisant une autre ellipse plus applatie $a\,d\,b$, on garde les mêmes entrées ou les précédens foyers, il est évident que l'agent du son entré par chacun d'eux, ne ressortira plus par l'autre au premier instant, et que frappant la nouvelle courbe au point m, l'angle de réflection sur la tangente, le ramenera en un point h de la table supérieure entre f et f', il en est de même des filets de calorique entrés par l'autre foyer; tous, au lieu de passer par le foyer opposé, iront frapper la table supérieure qui les renverra encore à l'inférieure, jusqu'à ce qu'ils parviennent à ressortir.

Mais on observera que si la table supérieure restait plane, une partie des filets seulement parviendraient à ressortir, savoir, ceux qui sont très-obliques, les autres réfléchis perpendiculairement dans le milieu de la courbe, finiraient par s'éteindre entre deux plans parallèles, et seraient perdus pour le son.

Il faut donc que la surface supérieure $aff'b$ soit courbe entre les points f et f': quelle sera cette courbe? Voici les raisonnemens qui me paraissent devoir l'établir.

Les filets de calorique élasticisés par les cordes, arrivent dans l'intérieur en tout sens; mais en quantité incomparablement plus grande par les faisceaux, ayant pour axes les lignes tirées de chaque corde au point d'entrée, savoir: $1\,m$, $2\,m$, $3\,m$, $4\,m$, (fig. 27).

Ces faisceaux se réfléchissent suivant leur ligne mf, ou plutôt suivant leur ligne mh, d'après la nouvelle ellipse adb adoptée. Si donc on prend h, h', pour foyers de l'arc elliptique supérieur à construire pour afb, ou pour la table supérieure (attendu que ce sont les points par lesquels passent les principaux faisceaux 1 m, 2 m, 3 m, etc., en entrant dans la nouvelle ellipse supérieure', et que les autres filets de calorique sont presque nuls comparés à eux) on voit que les faisceaux principaux seront tous répercutés en passant réciproquement par les foyers h, h de la table supérieure, d'où frappant l'inférieure et ne rencontrant jamais de plans parallèles, ils seront toujours obliques au grand axe ab, et finiront par ressortir après avoir développé beaucoup de calorique, et s'être adoucis par ces chocs même.

Il s'ensuit que la forme rigoureuse de la coupe transversale du violon sous le chevalet, devrait être $adb\,ff$; mais comme les orifices f, f' ne sont pas des points, ainsi que devraient l'être des foyers, mais une suite de points, et par conséquent de foyers, en gardant les mêmes petits axes de, les foyers f, f', f'', f''' (*fig.* 29), varieront, et par conséquent les foyers h de la table supérieure, qui en dépendent, et qui devront donner les quarts d'ellipse différens ef', ef'', ef'''; d'où l'on voit que pour conserver l'entrée au calorique, par les orifices primitifs, on pourrait, à compter du point i, dernier point où les faisceaux principaux peuvent atteindre la calotte $fefi$, et attendu que l'arc fi devient indifférent pour eux, tracer, pour joindre les deux ellipses des tables, la courbe $e\,i\,b$ qui participera de toutes les ellipses produites par la série des foyers h, h', h'', et qui conservera l'orifice primitif quoiqu'incliné.

La forme géométrique de la coupe transversale devrait donc être $a\,db\,fie\,a$ dont les parois latérales sont courbes, ainsi qu'elles l'ont été dans les premiers violons. Je ne vois aucun motif pour autoriser les parois actuelles que la facilité du travail.

Voyons à présent quelle doit être la forme horizontale.

Il est nécessaire, en supposant que le solide du violon soit engendré par le mouvement de la coupe ci-dessus, le long de l'axe longitudinal, 1.° que les extrémités soient arrondies pour renvoyer le calorique qui se perdrait dans les extrémités *def*, *acb*; 2.° que les parties *ad,bf* soient échancrées, pour que l'archet puisse attaquer les cordes plus perpendiculairement en certains cas, et en tirer plus de son : enfin, pour que l'agent du son abondant, développé sous l'archet et dans la tranche qui lui est soumise, soit rejeté horizontalement dans les parties *acb*, *def* (fig. 52), pour en tirer du calorique encore, qui, joint au précédent, viendra ressortir par les ouvertures des foyers (1).

Pour remplir ces deux objets, et la manière de terminer le violon ; après

---

(1) Je répéterai toujours que ce mouvement n'est que celui de réaction et non de translation du calorique.

avoir imaginé le mouvement du profil par l'axe ce ou RS, il est essentiel de nous occuper d'abord de l'échancrure, attendu que le premier objet s'y lie essentiellement, puisque c'est la courbe d'échancrure qui renvoie horizontalement une grande partie du calorique dans les courbes acb, def.

Si donc par la ½ longueur vi de l'axe, champ supposé de l'archet (fig. 32 et 31) on tire la ligne xx, qu'on prenne oo sur cette ligne, tant d'après la distance la plus rapprochée possible de l'archet à la corde, que d'après la nécessité de conserver le plus possible de l'arc ef des ellipses, les lignes at et bt étant d'ailleurs fixées par le champ de l'archet; enfin qu'on tire les lignes bo, to, ao, to, on aurait déjà des parties angulaires pour l'échancrure, mais un seul point o pour rapprocher l'archet, et d'ailleurs le calorique serait renvoyé d'une manière moins uniforme et moins douce; il est donc préférable de construire sur ces parties angulaires les arcs circulaires bot, aot qui donnent plus de carrière à l'archet, et qui renvoient l'agent du son plus uniformément dans les régions, *acb*, *def*.

Parvenus à la figure 3 du violon, on voit que les rayons de calorique seraient envoyés horizontalement dans les régions *acb*, *def*, suivant les lignes *fm*, qui iront frapper les courbes *acb*, *def* en des points *m*, d'où se réfléchissant encore, il faudra tâcher qu'ils reviennent vers les ouvertures du grand foyer F. Pour y parvenir, je vois qu'en construisant deux ellipses 1 R 2 r, 3 4 S s, et prenant pour petits axes Rr, Ss qui sont connus et des foyers sur les lignes ff, ff parallèles à l'axe et passant par les grands foyers FF, les faisceaux F'm, renvoyés et passant par les nouveaux foyers, seront ramenés vers l'opposé f, et réciproquement ; que là ils se trouveront très-rapprochés des extrémités des ouvertures du violon, et pourront ressortir enfin après avoir heurté le plus de parois possible, sans se croiser, d'après la forme elliptique que nous venons de donner.

La forme horizontale serait donc R 1 at 3 S 4 fb 2 R. Fig. (31).

Telle est la série de tâtonnemens mathématiques, par laquelle il me semble qu'on peut parvenir à expliquer les deux coupes horizontales et transversales du violon. Les ouvertures des grands foyers F, F, jadis parallèles à l'axe, doivent, d'après l'échancrure at b F, prendre la forme d'arcs parallèles à ces échancrures puisque l'ellipsoïde transversal se trouve réduit à-peu-près dans cette proportion par elles; mais quoique ces ouvertures fussent dans le principe ainsi, on les termine, depuis plus d'un siècle, en forme d'f, sans doute pour se rapprocher par les extrémités, des foyers des régions acb, def que nous venons de placer.

La coupe longitudinale me paraît uniquement déterminée par la nécessité de fermer, par diverses courbures, l'instrument, et de réunir les solides produits par le mouvement des deux profils que nous venons d'établir. C'est en vain que nous chercherions à déterminer par un ellipsoïde dans le sens longitudinal la coupe longitudinale, nous y retrouverions une partie des courbes des tables supérieures et inférieures ; mais les parties planes, celles de raccordement avec les côtés, sont une affaire de tâtonnement que nul calcul ne saurait établir d'après la difficulté de fixer exactement les arrêtes de pénétration de trois solides aussi compliqués.

La position de l'âme, comme on voit d'après tout ce que nous venons de dire, ne peut être indifférente, puisqu'elle sert ici de petit axe, ou du moins d'une partie commune de cet axe, ainsi que des ellipsoïdes qui se pénètrent et qui perdront leur courbure précise si ce petit axe change ou tombe.

Quant à la matière de l'instrument, le hêtre, l'érable et le sapin qui le composent, bois tous très-inflammables et les plus chargés de calorique, démontrent de plus en plus que cet élément de l'air est l'agent du son, puisque l'élasticité seule des tables serait à considérer, si l'air était cet agent, tandis que c'est l'inflammabilité du bois qui seule semble en déterminer le choix.

Il est inutile d'observer qu'au volume près, les patrons des *alto*, *basse* et *contre-basse* peuvent se calculer de la même manière.

Je renvoie l'examen de l'archet et des cordes, à un traité plus ample qui doit succéder à celui-ci.

De la Guittare, du Sistre, de la Mandoline, etc.

Ce que nous venons de dire du violon pour la production des sons, s'applique encore à la guittare et aux autres instrumens de ce genre. Il en résulte qu'en examinant la guittare sous les rapports qui nous ont occupés dans le violon, elle est très-défectueuse encore.

1°. Les tables devraient être bombées et arrondies en arc d'ellipsoïde pour les mêmes motifs énoncés, et l'on doit remarquer que celles qui sont ainsi en d'anciens patrons, sont très-bonnes.

2.º La courbure pour le renvoi du calorique, quoique devant être moins concave que dans le violon, attendu que la considération de l'archet est nulle ici, ne paraît pas être calculée sous ce point de vue.

3.º Il faudrait trouver un moyen simple et commode de pincer les cordes perpendiculairement à la table, et non parallèlement, ce qui donne des sons bien moins agréables et moins mélodieux.

Les moyens de remplir les deux premières conditions, sont indiqués par le calcul du violon. Quant au dernier point, on pourrait établir le plan des cordes perpendiculairement à la table, en ayant un chevalet vertical, le manche serait alors, quant au plan des cordes, perpendiculaire aussi, et la table inférieure de l'instrument se poserait sur la cuisse comme le luth; on aurait ainsi une espèce de petite harpe qui donnerait des sons beaucoup plus pleins et plus agréables.

Le *piano* est tellement perfectionné,

qu'il serait presque superflu d'en parler; on pourrait cependant indiquer quelques améliorations toujours fondées sur les propriétés du calorique, comme agent du son.

Il conviendrait, 1.º de donner plus d'épaisseur à la caisse; 2.º de sauver ses angles où le calorique se perd; 3.º de pratiquer des foyers de sortie.

Pour y parvenir on établirait la forme de l'instrument en ellipse *abc* (fi. 30) qui sauverait les angles *aeb*, *bdc* morts pour le son; par les foyers FF, on abaisserait des perpendiculaires, sur lesquelles on déterminerait les centres des arcs *cio*, *akr*, destinés à former la partie antérieure de l'instrument, et augmenter la masse de calorique, sortant par les foyers en même temps qu'ils se raccordent avec un clavier courbe.

Ce clavier courbe est calculé, en prenant pour centre les coudes immobiles de la personne qui joue, de manière que la rotation du bras se fasse uniformément, et qu'on atteigne chaque touche sans alonger le bras, il en résulte une action plus égale, moins de fatigue pour les muscles, et une forme plus gracieuse pour l'instrument.

Quant aux autres accessoires, les sons pleins de douceur et flûtés, obtenus aujourd'hui, sont un objet d'épreuves réitérées, auxquelles ce système d'acoustique ne paraît devoir ajouter que peu d'avantages, quoiqu'il doive toujours être la base des essais.

Cette courte analyse des principaux instrumens me paraît suffire, tant pour confirmer notre théorie sur le son, que pour indiquer aux facteurs intelligens les principes de perfectionnement, soit dans les formes, soit dans le choix des matières. Je ne l'étendrai donc pas davantage.

Quant à la *grace* dans l'exécution et à la *pose* qui peuvent se traiter aussi mathématiquement, je dois renvoyer le lecteur aux chapitres de *la danse*, du *voltige* et de l'*escrime*, arts auxquels le mécanisme et l'équilibre des attitudes gracieuses appartient plus particulièrement, et dont je tâcherai de résoudre plusieurs problèmes curieux dans les volumes suivans, si les premiers sont accueillis avec indulgence et offrent quelque intérêt aux artistes éclairés.

FIN DU PREMIER VOLUME.

TABLE DES MATIÈRES

CONTENUES

DANS CE PREMIER VOLUME.

Introduction, Page	1
De la POÉSIE et de l'invention,	7
Du langage poétique,	42
De la MUSIQUE et d'un Système de mélodie,	86
De l'Harmonie ou accompagnement,	119
Application d'un système d'acoustique à l'harmonie.	145

(226)

De l'exécution en musique, Page 161

Des instrumens à vent percés, 196

Des instrumens à cordes, 204

FIN DE LA TABLE DU PREMIER VOLUME.

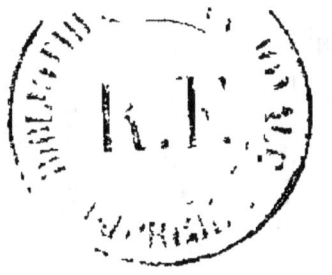

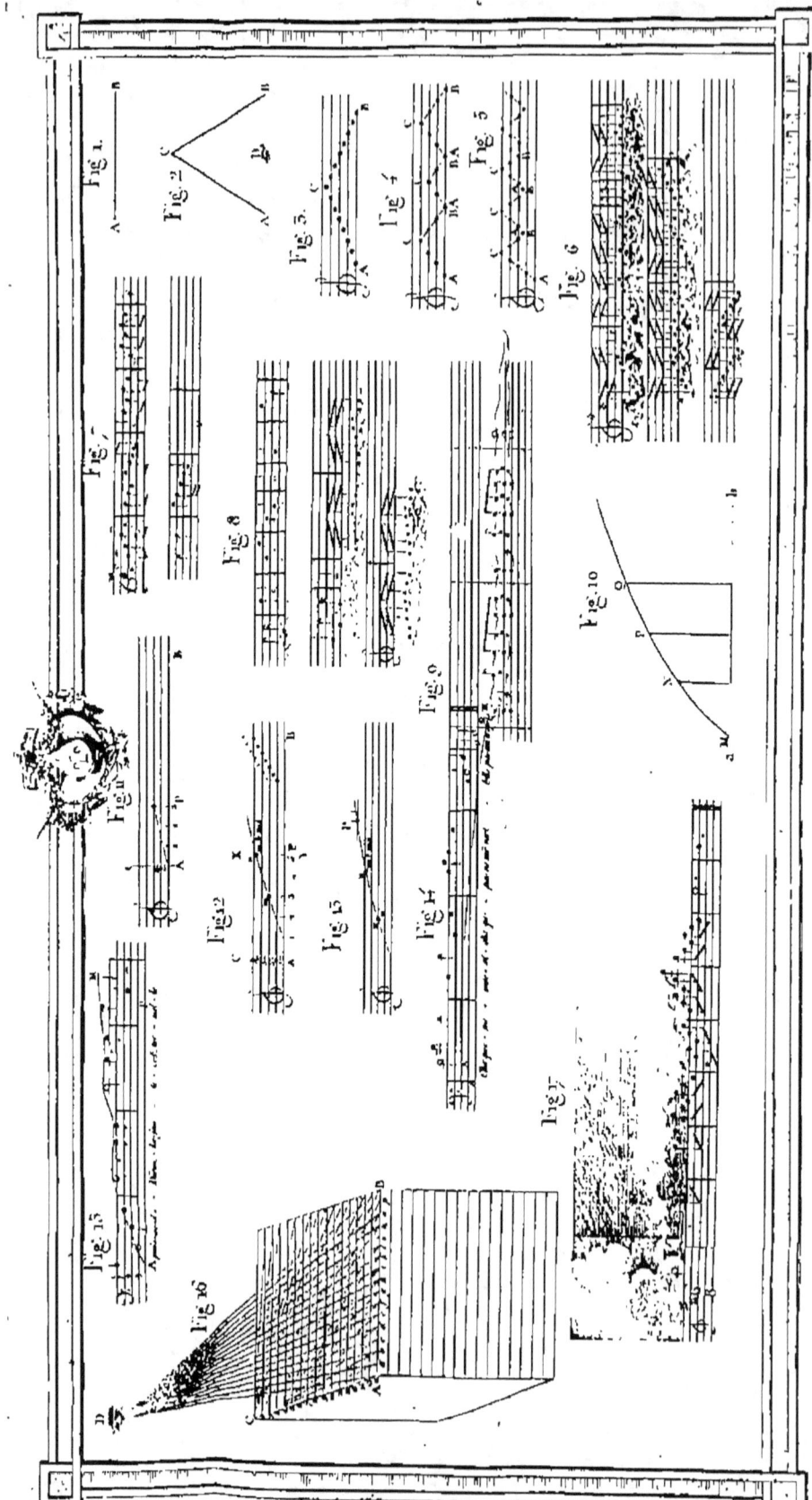

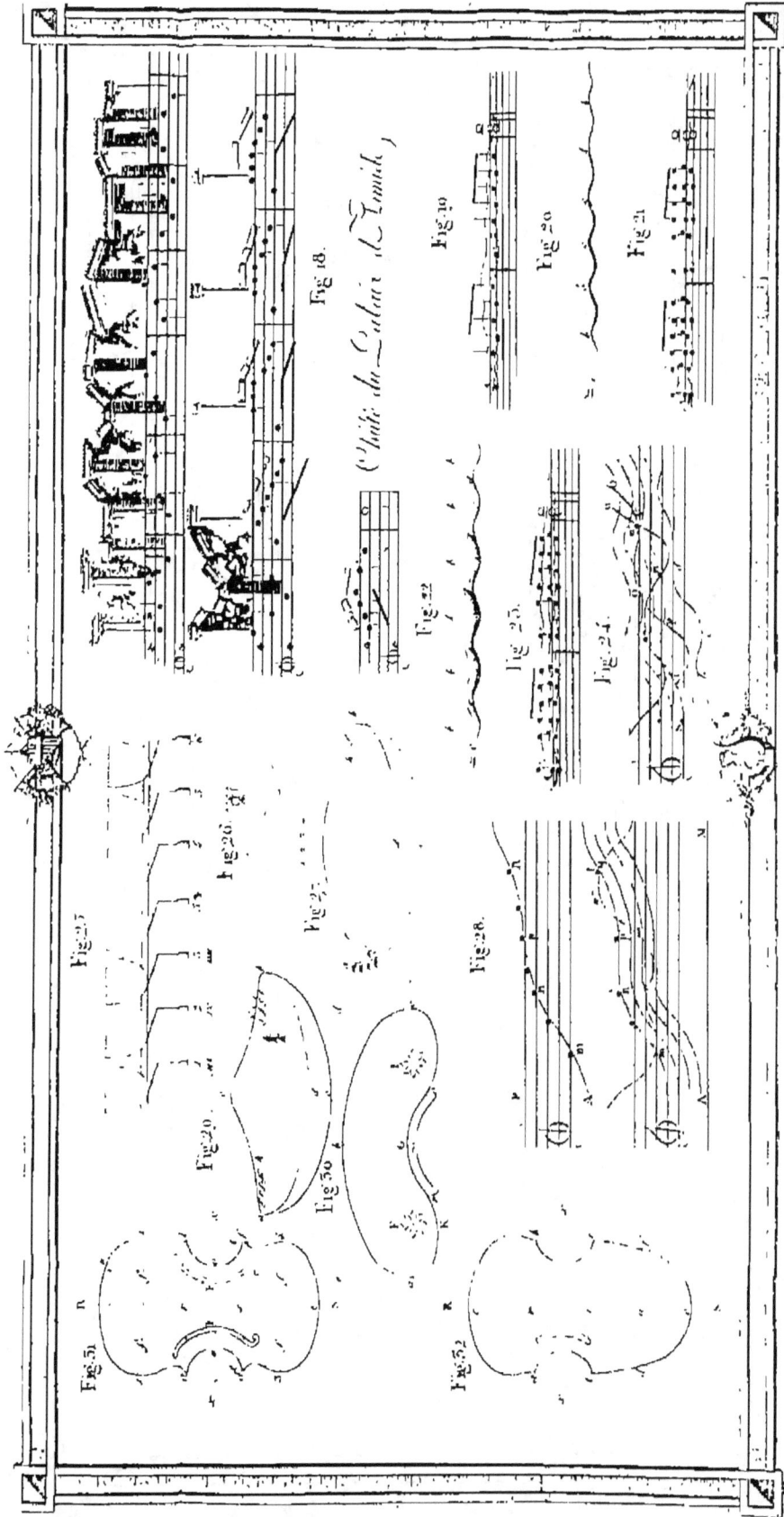

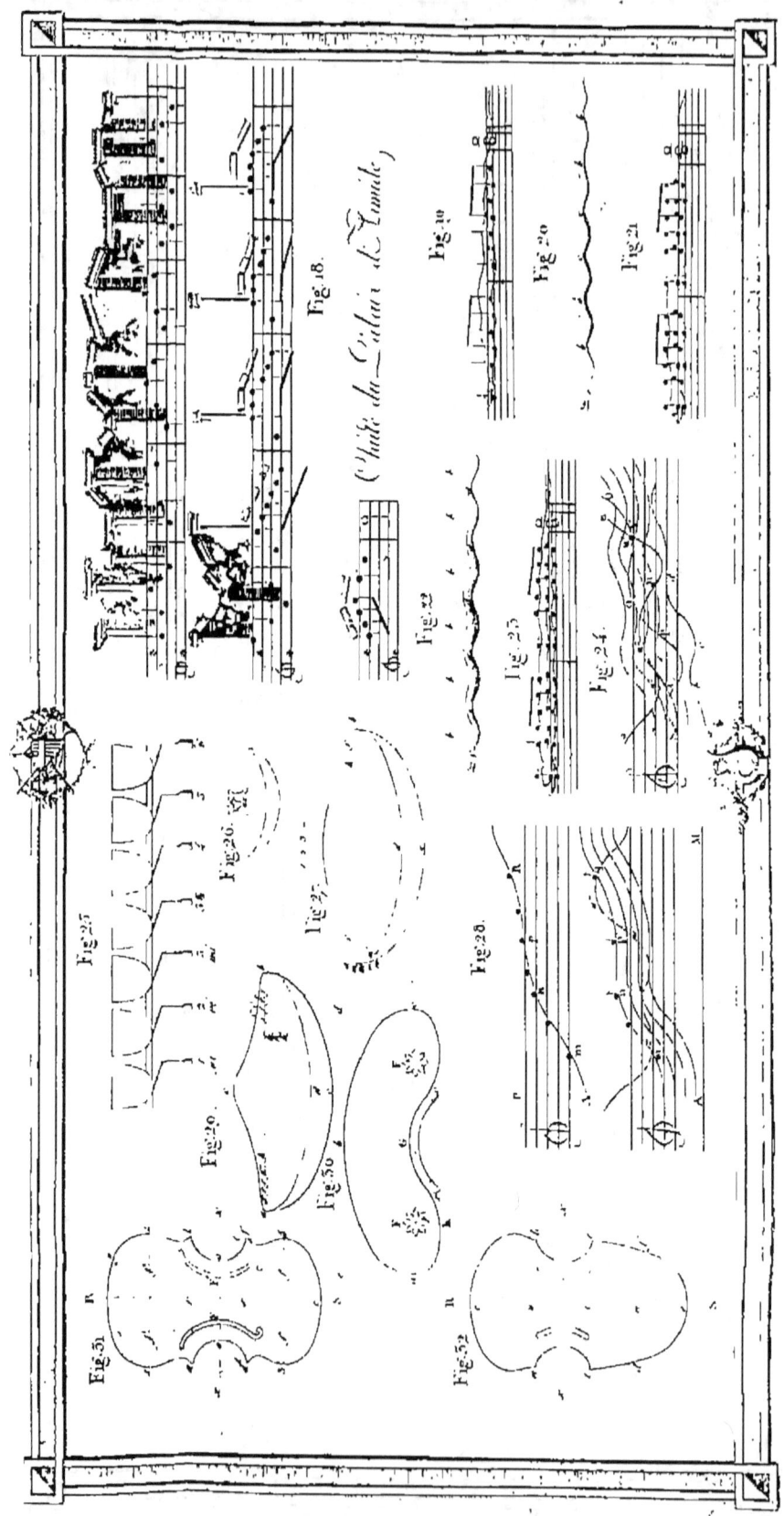

www.ingramcontent.com/pod-product-compliance
Lightning Source LLC
Chambersburg PA
CBHW052247220526

45471CB00001B/231